ALTIN KİTAPLAR
YAYIN EVİ

KİTABIN ORİJİNAL ADI		THE MYSTERY CLUB -2 DOUBLE DANGER
YAYIN HAKLARI	©	1993 FIONA KELLY AKCALI Telif Hakları Ajansı
	©	ALTIN KİTAPLAR YAYIN EVİ ve TİCARET A.Ş.

KAPAK İLLÜSTRASYONU	HASAN EĞİTİM
BASKI	2. BASIM / 2000 AKDENİZ YAYINCILIK A.Ş. Matbaacılar Sitesi Nu.: 83 Bağcılar - İSTANBUL

ISBN 975 - 405 - 890 - 3
99 - 34 - y - 0131 - 691

ALTIN KİTAPLAR YAYIN EVİ
Celâl Ferdi Gökçay Sok. Nebioğlu İş Hanı
Cağaloğlu - İstanbul
tlf.: (0212) 513 63 65 - 526 80 12
520 62 46 - 513 65 18
www.altinkitaplar.com
info @altinkitaplar. com.tr.

FIONA KELLY

MACERA KULÜBÜ - 2

(Çifte Tehlike)

ROMAN

Millî Eğitim Bakanlığı Talim ve Terbiye Kurulu Başkanlığının 27.06.2000 tarih ve 7650 sayılı kararıyla ilköğretim kurumları öğrencileri için tavsiyesi uygun bulunmuştur.

TÜRKÇESİ

MİNE ERGÖR

Olağanüstü öğretmen Dan Weiss'e teşekkür ederim.

1 Saatte seksen mil

Ev her zamanki gibi karışıklık içinde olduğu için, Holly (Holi) bisikletine atlayıp çıkmıştı. Evi inşaatçılar, elektrikçiler, marangozlar işgal etmişti ve koca göbekli, düşük kot pantolonlu bir adam lavabonun altında çalışıyordu. Annesi işten telefon edip durmuştu. İnşaatçı, camcıya telefon etmiş miydi? Elektrikçi, salona karartma düğmesi takmış mıydı? Holly'nin babası yaptığı el oyması eşyalarını satmaya gitmişti. Evde inşaatçılara yardım eden bir tek Jamie (Jeymi) vardı. Evim, güzel evim!

Holly bisikletiyle dolaşıyordu. Yaşasın tatil! Okul, dersler, hatta Macera Kulübü toplantıları bile yoktu. Sakin, güneşli bir günde yalnızca kırlarda bisikletle dolaşmak vardı. Holly, frenleri bırakıp saçları uçuşarak ve ılık havayı yüzünde hissederek bayır aşağı inmeye başladı.

O gün belâ, Holly Adams (Holi Edıms)'ın isteyeceği en son şeydi, ama demirin mıknatısa çekilmesi gibi, belâ gelip onu buldu. Willow Dale (Vilov Deyl) kasabası aşağıda bir harita gibi uzanıyordu. Holly manzaraya karşı bayır aşağı özgürce pedal çevirirken, yanından siyah mermi şeklinde bir araba saatte seksen mil hızla vınlayarak geçip gitti.

"Geri zekâlı!" Holly yalpalayarak yan taraftaki yabanmersinlerinin içine düştü. Bir an orada otururken yüksek sesle sövdü. Sürücü esmer, güneş gözlüklü bir adamdı ve üstünde yakası açık beyaz bir gömlek vardı. Holly'yi yoldan çıkmaya zorlarken yan gözle bakmıştı.

Holly yavaşça ayağa kalktı. "Yo, hayır!" dedi inleyerek. Yabanmersinlerinin mavi suları tişörtünü lekelemişti ve bisikletin ön tekerleğinin birkaç teli kopmuştu. Titreyerek ve öfkeyle bisikletine bindi. Yeniden yalpalayarak ilerlerken, okul dergisi *Winformation* (Vinformeyşın)'ın editörü Steffie Smith (Stefi Simit) için aklında bir yazı plânladı: "Bisikletliler Güven İstiyor. Çılgın Araba Sürücüleri İçin Yolun Sonu!" Ama intikam plânı çok geçmeden bozuldu. Bir virajı döndüğü anda, siyah arabanın yokuşa hızla dalıp sonra boğuk bir gürültüyle tepeye tırmandığını gördü. Fren sesleri duymasıyla, arabanın yoldan çıktığını fark etti. Araba şahlanarak banketi aştı ve bir duvarı parçalayarak geçti.

Holly, korkudan boğazı daralarak yokuşu inip tepeyi çıktığında, arabanın hâlâ mor renkli çalıların içinde yalpalayarak ilerlediğini gördü. Artık kontrolden çıkmıştı. Ufuk çizgisinde görünen bir kayaya iç bulandıran bir gürültüyle çarparak yan döndü. Fırıldak gibi dönerek yamacın kenarını aşıp kayboldu.

Holly, yüreğinin ezildiğini hissetti. Bisikletini bırakıp kaya çıkıntılarına doğru koştu. Çalılar ayaklarına dolanarak onu engellediği için sendeleyerek ilerliyordu. Yakındaki bir ahırdan bir işçi fırlayıp Holly ile birlikte gürültüye doğru koştu. Kayalığa birlikte vardılar. Adam, Holly'nin kolunu tuttu. "Dur!" diye bağırdı.

Holly aşağı baktı. Dimdik bir yamaç vardı. Kendilerini sağlama aldıktan sonra adamla Holly on beş metre aşağıdaki arabaya baktılar. Araba, çaresiz bir kaplumbağa gibi ters dönmüştü ve tekerlekleri hâlâ dönüyordu. Adam keskin bir soluk aldı. Holly, ona tutundu. Fren gıcırtıları, ezilen metal sesi, çatırtılar ve ezilme seslerinden sonra ortalıkta tam bir sessizlik vardı. Çalılardan bir çulluk uçarak gökyüzüne doğru süzüldü.

"Burada kal!" dedi adam Holly'ye. Bir keçi yolunu kullanarak dik yamacı inmeye başladı. Tutunmak için kalın otları kullanıyor, ayak basacak sağlam yerler arıyordu. Aşağıda, arabanın tekerlekleri hâlâ sessizce dönüyordu.

Burada kalmamın imkânı yok, diye düşündü Holly. Adamın peşinden gitmeye başladı. Daha güçsüzdü, ama daha çevik olduğu için biraz sonra adama yetişti. Aşağıya birlikte vardılar.

"Kımıldama." İşçi soluk soluğaydı. "Tehlikeli. Geri dönmeliyiz...Yardım getirelim." Harap olmuş arabaya baktılar. Camları parçalanmıştı ve tekerlekler hafifçe dönüyordu.

"Hayır!" Holly, sürücüyü düşündü. "Hemen yardıma ihtiyacı var. Hadi." Adamın kolunu tutup çekti.

"Tutuşabilir." diye uyardı adam.

Holly başını salladı, ama tehlikeyi göze almak zorunda olduklarını biliyordu.

Sessizlikte, dönen tekerleklerin çıkardığı kesik sesler duyuluyordu. İyice yaklaşınca sürücü kapısını yokladılar.

Sıkışmıştı. Araba o kadar yamulmuştu ki kapıların hiçbiri açılacak gibi değildi. Korku içinde açmaya çalıştılar. Yaralı sürücü içerde baygın olmalıydı ya da daha kötüsü de olabilirdi.

Adam, Holly'yi geri çekti. Terliyorlar ve böğürtlen çalılarından dolayı kaşınıyorlardı. "Yararı yok. Yardıma ihtiyacımız var."

Bu kez Holly başını salladı. "Sen gidip polise telefon et. Ben burada kalacağım." Arabanın yanında çömeldi. Sinirleri yatışıyordu ve beklemeye kararlıydı.

Adam, onun inatçı yüzüne baktıktan sonra başını sallayarak koşmaya başladı. Tepedeki kayalara vardı ve gözden kayboldu.

Yakıcı güneşin altında etraf benzinle yanık lâstik kokuyordu. Adamın dediği gibi araba tutuşabilirdi. Tekerlekler hâlâ dönüyordu. *Bir şey yapmak zorundayım,* diye düşündü Holly.

Hızla düşünmeye başladı. Evet, kapıları açamıyordu, ama kırık bir pencereden içeri girebilirdi. Yerden bir taş aldı. Yolcu tarafındaki camı seçerek derin bir soluk aldıktan sonra taşı indirdi. Emniyetli cam boğuk ve uğursuz bir sesle parçalandı. Holly cam parçalarını ayıkladıktan sonra içeriyi görebildi.

Karanlıktı. Benzin kokusu midesini bulandırıyor, baygınlık veriyordu. Yoksa korkudan mıydı? Solgun yüzlü, ikiye katlanmış, belki kanlar içinde, belki parçalanmış cansız bir vücut aradı. Ama kıpırdayan bir şey yoktu. Sürücü tarafında, yerde ya da arka tarafa fırlamış hiçbir şey yoktu. Araba boştu.

Holly yüzünü karanlıktan çekip gün ışığına baktı. "Hiç kimse yok!" dedi bir kahkaha atarak. Ama hiç de komik değildi. Emin olmak için yeniden baktı, ama yine bir şey göremedi. Araba kendi kendine kaza *yapmamıştı.* Arabada hızla giden güneş gözlüklü adam, Holly'nin hafızasına kazınmış gibiydi.

Dehşete kapıldı.

Adam arabadan fırlamış olabilirdi. Kayaya çarparken kapı açılmış olabilirdi. Yukarda ya da orada, artık kullanılmayan bir taş ocağına benzeyen yerde bir ceset olmalıydı. *Bir ceset olmalı,* diye tekrarlamaya başladı kendi kendine. Biraz uzağa gidip çömeldi ve öğle güneşinin altında titremeye başladı.

Birden bir patlama sesiyle birlikte alevler parladı. Araba infilâk etmişti. Holly bir kayanın arkasına girdi. Her tarafa cam ve metal parçaları saçılıyordu. Arabanın enkazını alevler sararken siyah bir duman yükseliyordu.

Çiftlik işçisi, babasıyla birlikte koşarak geldi. "Luke (Luk), sen kıza bak!" diye bağırdı orta yaşlı adam.

"İyi misin?" diye sordu işçi. Holly başını salladı.

Birkaç dakika sonra polis arabalarıyla Land Rover (Lent Rovır)'ların gürültüsü duyuldu. Uçurumun tepesi üniformalı polis kaynıyordu. İtfaiye hortumları kıvrılarak aşağı sarkıtıldı ve arabayı açmak için telsizli adamlar teçhizatlarıyla aşağı inmeye başladılar.

Holly, alevleri söndürmeye çalışan adamları seyrederken, "Arabada kimse yok." dedi onlara. "Boş."

Bir itfaiyeci ona ters bir bakış attıktan sonra işine devam etti.

"Baktım." dedi Holly, Luke'a. "Pencereyi kırdım, ama içerde kimse yoktu."

Luke başını sallayarak dikkatle izlemeye devam etti.

"Kızı buradan uzaklaştır." diye emretti üniformalı bir adam. Holly'nin dayanamayacağını düşündüğü belliydi.

"Hayır, ben iyiyim." diyerek karşı çıktı Holly. Kazayı görmemiş miydi sanki?

"Haklı." dedi Luke alçak sesle. "Burada daha fazla kalmamıza gerek yok." Holly'yi elinden tuttu.

"Belki sürücü arabadan fırlamıştır. Belki bir yerde yaralı yatıyordur!" diye karşı çıktı Holly yeniden.

"Bu onların işi, bizim değil." dedi adam. "Biz kendi payımıza düşeni yaptık." Luke kibardı, ama Holly'yi kararlı bir şekilde kaza yerinden uzaklaştırıp evine götürdü. Orada, Luke'un annesinin sürekli olarak verdiği çayları içerek beklediler.

Polis hiçbir şey bulamadı. Arabanın yanık enkazını, taş ocağını, uçurumu ve çalıları aradılar. Sonunda çiftliğe haber vermeye geldiler; sürücü hiçbir yerde bulunamamıştı.

Holly onlara esrarengiz bir şekilde kaybolan sürücünün tarifini verdi. Yaş: 30 civarında. Saç: Koyu renk ve geriye doğru taranmış. Kıyafet: Beyaz gömlek, güneş gözlüğü. "Bu uyuyor." dedi kadın polis. "Sürdüğü arabanın tipine demek istiyorum. Bilgisayarda sahibini arıyoruz." Holly'nin anlattığı her şeyi yazıyordu.

"Çok hızlı gidiyordu." dedi Holly son olarak.

Kadın polis yeniden başını salladı. "Tahmin ederim."

"Ona ne olduğunu düşünüyorsunuz?"

Kadın omuzlarını kaldırdıktan sonra daha resmî bir tavır takındı. "İncelemeyi sürdürüyoruz." dedi.

O akşam Holly'nin evinde akşam haberleri okunuyordu: "Tepedeki kazadan sonra sürücü kayıp." Polis başka tanıklar arıyordu.

O sırada, *Willow Dale Express* (Vilov Deyl Ekspres) gazetesinden bir muhabir telefon edip Holly ile röportaj yapmak istedi. "Hayır, özür dilerim. Çok yorgun." dedi Bayan Adams, sert banka müdürü sesiyle. Telefonu kapadı.

"Teşekkürler, anne!" dedi Holly yüzünü asarak. "Hoşuma giden bir şeyi engellemekten zevk mi alıyorsun?" Holly gazete röportajları ve makalelerle ilgili her şeyi çok severdi ve kendisi de gazeteci olmak istiyordu. Ama annesi güzel bir röportaj yapma ve gerçek bir gazeteciyle tanışma şansını engellemişti.

"Hayır. En iyisinin ne olduğunu bilen aklı başında bir anneyim!" dedi Bayan Adams. "Gazeteler olayları her zaman çarpıtırlar. Ayrıca, yorgunsun."

Holly ne zaman susması gerektiğini bilirdi. Duyduğu hayal kırıklığına rağmen gülümsedi. "Tracy (Treysi) ile Belinda (Belinda)'ya telefon edebilir miyim?" diye sordu. Esrarengiz kazayı bütün kasaba duymuştu, ama baş tanığın Holly Adams olduğunu hiç kimse bilmiyordu. Macera Kulübü için iyi bir hikâye çıkmıştı! "Bu sözleri kaç kez duydum!" dedi annesi gülerek. Sustu, sonra yumuşadı. "Sanırım..."

Holly gülümseyerek annesine sarıldıktan sonra telefonu aldı.

"Vay be! Hemen geliyorum!" diye bağırdı Tracy, Holly ona haberi anlatır anlatmaz. Telefonu kapadı.

"Anneme beni getirmesini söyleyeceğim." dedi Belinda. "Ama ben gelinceye kadar Tracy'ye bir şey anlatma sakın!"

Tracy ile Belinda birlikte geldiler. Sarışın Tracy heyecanla gülümsüyordu. Daha yavaş ve ağır olan Belinda da her zamanki gibi merak içindeydi. Tracy soluk soluğaydı ve her şeyi hemen öğrenmek istiyordu. Belinda daha ağırdan aldı ve her şeyi aklında evirip çevirdikten sonra düşünceli bir ifadeyle kaşlarını çattı. Macera Kulübü yeniden toplanmıştı. Winifred Bowen-Davies (Vinfret Boun Deyvis) Okulu'nun as dedektifleri Holly, Tracy ve Belinda her zaman beraberdiler. Her zaman sır kokusu peşindeydiler. Çözecekleri bir sır olmadıkça hiçbir zaman mutlu sayılmazlardı. Holly her köşede bir cinayet kuşkusu bulurdu. Cesur ve kararlı Tracy sorunlara bir Amazon gibi saldırırdı. Belinda eski kot pantolonuyla tişörtü içinde tembel ve dağınık görünebilirdi, ama çok keskin bir zekâsı vardı. Onlar Macera Kulübü üyeleriydiler.

İşte, o olay kendilerini kanıtlamaları için bir başka fırsattı. Willow Dale'de yeni olan Holly'nin heyecan arayan arkadaşlar bulmak için okul dergisine ilân vermesinden sonra çok şey olmuştu. İlâna Belinda ile Tracy'den başka gelen olmamıştı, ama üçü suçları ortaya çıkarma konusunda çok iyi bir ekip olmuşlardı. Başkalarına sıradan üç öğrenci gibi görünüyor ve öğretmenler, polis ve aileleri tarafından ciddîye alınmıyor olabilirlerdi, ama onlar gizemli olayları çözmekte ne kadar iyi olduklarını biliyorlardı.

Bayan Adams, Holly'nin odasına üç fincan kakao çıkardı. Kızlar Holly'nin yatağında oturuyorlardı.

"Onu çok yormayın." dedi Bayan Adams çıkarken.

"Yormayız!" dedi: kızlar bir ağızdan ve tabi aldırmadan.

"Evet." dedi Belinda eğilerek.

"Ne?" Onları merakta bırakmak Holly'yi eğlendiriyordu.

"İnsan durup dururken ortadan kaybolamaz!" diye bağırdı Tracy.

"Söylemek hoşuma gitmiyor, ama elimizde anlaşılmaz bir olay daha var!" dedi Holly. Gülümsedi.

"Yarın oraya gidip ipucu arayalım!" diye önerdi Tracy, her zamanki gibi hemen harekete geçerek.

Anlaştılar; atacakları ilk adım bu olacaktı.

"Polisle itfaiyeciler arabayı götürdü." dedi Holly. "Ama inceleyeceğimiz tekerlek izleri, yıkık duvar filân var."

Belinda bir an sessiz kaldı. "Araba tamamen yandı mı?" diye sordu sonunda, pantolonunun yıpranmış paçasıyla oynayarak.

Holly başını salladı. "Evet. Milyonlarca parçaya ayrıldı!"

"Öyle bir arabanın ne kadar edeceği hakkında bir fikriniz var mı?" dedi Belinda. Susup sözünün etkisini bekledi. "Haberlerde dinlerken babama sordum."

"Ne kadar?" diye sordu Tracy ile Holly aynı anda.

"Otuz beş bin pound!"

Sessizlik kızların şaşkınlığını gösteriyordu.

"Çok pahalı araba!" dedi sonunda Tracy yarı ıslık çalarak.

"Evet." dedi Holly. "Düşündüğünü doğru mu anladım?"

"Ne düşünüyorum?" diye sordu Tracy.

"Belinda bize otuz beş bin pounddan söz ederek ne düşünüyorsa onu düşünüyorsun, öyle değil mi?" Holly'nin sesi fısıltı gibiydi.

Üçünün başı birbirine yaklaştı. "Plânlanmış bir kaza!" diye bağırdılar.

"Doğru." dedi Holly. "Otuz beş bin poundluk sigorta parasını almak için sahnelenmiş bir kaza!"

"Kanıtlayın!" Holly'nin küçük erkek kardeşi ve profesyonel bir baş belâsı olan Jamie kapıyı açıp odaya daldı.

Holly, ona bir yastık fırlattı. "Defol! Anahtar deliklerinden dinlememen gerektiğini biliyorsun!"

"Kanıtlayın! Kanıtlayın!" dedi Jamie yastıktan kaçarak.

"Git işine, Jamie!" diye söylendi Tracy.

Ama Belinda ona gözlüğünün altından göz kırptı. "Ah, kanıtlayacağız." dedi. "Kesinlikle kanıtlayacağız."

2 Hafıza kaybı

"O kaza, bir kaza değildi! Sahteydi!" dedi Tracy ertesi sabah annesine. "Sigorta parasını almak için yaptılar!" Mısır gevreği paketine uzandı. Sabah koşusundan sonra acıkmıştı.

Bayan Foster (Fostır) boş plâstik şişeleri, karton kutuları, tuvalet kâğıdı rulolarını ve diğer çöpleri toplayıp bir naylon torbaya dolduruyordu. İş için hazırlanması gerekiyordu. "Buradaki bazıları için her şey yolunda." dedi.

"Ne?" Tracy torbanın ağzını bir telle bağladı.

"Bazılarımızın çalışması gerekiyor."

"Evet."

"Bazılarımızın sahte bir kaza hakkında hikâyeler icat etmeye harcayacak zamanı yok." Tracy annesiyle konuşmak için kötü bir zaman seçmişti. Birkaç dakika sonra Bayan Foster'ın yönettiği yuvaya beş yaşın altında on iki tane çocuk gelecek, karton ve yapıştırıcıyla saraylar yapıp boyayacaklardı.

"İcat etmek mi?" Tracy bu kez söyleyecek bir şey bulamadı.

"Evet, uydurmak. Hayal gücün yine aldı başını gidiyor!" Bayan Foster çöp torbasını aldı.

"Yine!" Tracy'nin ağzı açık kaldı.

"Evet. Belinda ve Holly ile birlikte. Neyse, boş ver. Sen dışardayken kazayı haberlerde dinledim. Sürücü dün gece geç saatlerde ortaya çıkmış. Polis onu kasabada şaşkın durumda gezerken bulmuş."

"Evet..." Olayın gerisinde kalmak Tracy'nin hoşuna gitmemişti. "Polis ne karar vermiş?"

"Adamın hafızasını kaybettiğini söylüyorlar. Arabadan fırladığı zaman başını çarpmış. Kaza hakkında hiçbir şey hatırlamıyor. Ama iyi. Onu evine götürdüler. Sır bitti, tamam mı?" Bayan Foster dışarı çıkıp kapıyı arkasından kapadı.

"Kimmiş? Ne söylemiş?" Tracy kekeleyerek kapıya doğru gitti. Çok geçti. Boş mutfakta öylece durdu.

"Baba, şu Mason (Meysın) olayında sigorta şirketi parayı yine de ödeyecek mi?" Belinda, sabah haberlerini dinlemiş olduğu için Tracy'den ilerdeydi. Kızarmış ekmeğini düşünceli bir ifadeyle çiğniyordu.

"Mason olayı da ne?" Uluslar arası güç sahibi bir iş adamı olan Bay Hayes (Heys) çalışma odasından New York ve Tokyo'ya bazı faks mesajları gönderiyordu. "Faks makinesine ekmek kırıntısı dökme!" diye uyardı kızını.

"Holly'nin gördüğü dünkü araba kazasından söz ediyorum. Sürücüsü dün gece geç saatte bulunmuş. Hafızasını kaybetmesi dışında iyiymiş. Sigorta ne olacak?"

Babası fazla ilgi göstermeden faks makinesine yeni bir kâğıt koydu.

"Mason? Mason kim?" Telefonu kaldırdı.

"Justin Mason (Castın Meysın), arabanın sürücüsü."

"Ya, hafıza kaybı mı? Hımm..." Telefonun bağlanmasını beklerken parmaklarıyla tempo tutuyordu.

"Sigorta parasını alacak mı?"

"Evet." dedi Bay Hayes.

"Ama bunu herkes yapabilir. Çok pahalı bir arabayı parçala, sonra sigortadan parasını al. Bunu herkes yapabilir!" Belinda aklı başında hiçbir sigorta şirketinin emin olmadan otuz beş bin poundu ödeyeceğini düşünemiyordu.

Bay Hayes başını salladı. "Belki." Telefon bağlandı. Bay Hayes elini ahizeye koydu. "Ama neden?" Kibarca gülümsedi, omuzlarını kaldırdı ve sonra sırtını döndü. Konuşmanın sona erdiği açıktı. Belinda kahvaltısına devam etmek için mutfağa döndü.

"Aptal olma, Holly!" Bayan Adams iç çekti. "İnsan öyle güzel bir arabayı neden isteyerek parçalasın!"

"Para için tabi!" Sabah gazetesinde sürücünün bir resmi vardı ve hafıza kaybının iyileşmeye başladığı yazıyordu.

"Hımm..." Bayan Adams dudağına ruj sürdükten sonra saçlarını fırçaladı. "İnşaatçıya daha fazla taş ısmarlamasını söylemeyi unutma." diye anımsattı Holly'ye.

"Dinle, anne!" diye devam etti Holly. "Adam arabayı tenha bir kır yolunda parçaladı. Nasıl? Neden? Kimse bilmiyor. Sonra ortadan kayboldu. Neredeydi? Döndü ve şimdi hafızasını kaybettiğini söylüyor. Ne kolay. Yine de sigorta parasını isteyebiliyor. Otuz beş bin pound!"

Bayan Adams ceketini giydikten sonra eteğini düzeltti. "Baban ararsa, cumartesi akşamı için Hint lokantasında yer ayırttığımı söyle, olur mu?" Gülümseyerek Holly'yi yanağından öptü. "Tamam mı?"

"Anne!"

"Şimdi zamanım yok, Holly. Sonra görüşürüz." Bayan Adams tuğla tozlarıyla elektrik kabloları arasında oturan Holly'yi bırakıp evden çıktı.

Jamie bilmiş bir ifadeyle gülümsedi. "Kahvaltı bulaşığını yıkama sırası sende, Bayan Akıl Kumkuması!" dedi gülerek.

Holly gazetenin ön sayfasındaki habere bakmaya devam ediyordu. Yer, zaman, gözlüklü adamın adı. Başına darbe alan bir insanın hafızasını kaybetmesi mümkündü; Holly'nin okuduğu polisiye romanlarda sık sık oluyordu. Ya da bazen büyük bir şoktan sonra hafıza bir süre kilitlenebiliyordu. Bu da mümkündü. Ama bu olayda yine de anlaşılmaz bir şey vardı. Çok tuhaf bir şeydi. Holly giyinmek için yavaşça yukarı çıktı.

Macera Kulübü saat on birde Willow Dale alış veriş merkezinin dışında buluştu.

"Buraya kadar." dedi Holly omuzlarını kaldırarak. "Sürücü ortaya çıktı. Olayda bir sır yok."

"Ne?" diye bağırdı Tracy ile Belinda şaşkınlıkla.

"Buraya kadar demekle ne söylemek istiyorsun?" dedi Tracy.

Holly'nin yüzü aydınlandı. "Ha, sizi kandırdım!"

"Aman sen de!" Tracy rahatladı.

"Amaan!" dedi Belinda, Tracy'nin Amerikan aksanıyla dalga geçerek. Birbirlerini dürterek en yakın sıraya gidip oturdular.

"Bir an bizi korkuttun. Cesaretini kaybettiğini düşündük!" dedi Tracy. "Tam da, kaza yerine yeniden gitmeyi düşündüğümüz sırada, unuttun mu?"

"Ben!" Justin Mason'ın sihir gibi yeniden ortaya çıkışı, hafızasını kaybetmesi dışında sapasağlam oluşu Holly için gizemi yalnızca daha da derinleştirmeye yaramıştı. Ama yine her zamanki sorun vardı; büyükleri inandıramadıkça ne yapabilirlerdi?

"Dondurma?" dedi Belinda.

"Tabi!" diye bağırdı Holly ile Tracy. Dondurma Macera Kulübü'nün en sevdiği şeydi ve bunun için fırsatı hiçbir zaman kaçırmazlardı.

Belinda park yerindeki dondurmacıya gitti ve üç tane çikolatalı dondurmayla geri döndü. Dondurma yerken her zaman daha iyi düşünürlerdi.

"Doğru adam olduğundan emin misin?" dedi Tracy dondurmasından bir kaşık alırken. "Gazetedeki adam senin arabada gördüğün mü?"

"Öyleye benziyor." dedi Holly başını sallayarak. "Kimlik değişikliği, gizlenmiş ceset filân yok. Yazık." Annie (Eni) Çay Salonu'yla Willow Dale'deki diğer mağazaların önünde dolaşmaya başladılar.

"Kazanın olduğu yol nasıl?" diye sordu Belinda. "Keskin bir viraj filân mı var?"

Holly dudaklarını yaladı. "Sayılmaz. Farfield (Far Feyld) Çiftliği'nin oradaki tepeyi biliyor musunuz? Bentlere doğru sağa dönmeden önce. Virajdan sonra yol düzleşiyor. Araba virajdan hemen sonra, taş ocağı yakınında yoldan çıktı!"

"Güneş, gözünü almış olabilir mi?" diye sordu Belinda. Dondurmasını bitirmişti bile.

Holly başını salladı. "Hayır. Güneş arkasındaydı."

"Hımm..." Hep birlikte durdular. "Hey, bakın!" Tracy şaşırmış gibi yaparak yakındaki bir tepeyi işaret etti.

Polis karakoluna giden yolun köşesine gelmişlerdi. Holly ile Belinda başlarını salladılar. Holly dondurmasını çabucak bitirip öne geçti. Kazanın görgü tanığı oydu ve sahte kaza teorisini ilk o düşünmüştü. Şimdi, sigorta sahtekârlığı hakkındaki düşüncelerini polise ilk anlatan da o olacaktı.

Hiç tereddüt etmeden karakola girip "Danışma" yazan masaya gittiler.

Masada oturan polis sıkıntılı görünüyordu. "Evet..." dedi başını yazı yazdığı bilgisayardan tam kaldırmadan.

"Merhaba, ben Holly Adams." Holly adama sevimli bir ifadeyle gülümsedi.

Polis etkilenmeden yazısına devam etti.

"Ben, Justin Mason kazasının tanığıyım!" Klavyeden gelen seslerin doldurduğu bir sessizlik oldu. "Kazanın inceleme altında olduğunu biliyor musunuz?" Holly'nin gülümsemesi titrekleşmeye başladı. Belinda ile Tracy onu cesaretlendirmek için başlarını sallıyorlardı.

Polis yeniden başını salladı. "Olay kapandı." Görünmeyen bir sineği kovalar gibi kulağını fiskeledi.

"Kapandı mı?" dedi üç kız bir ağızdan. "Olamaz!"

"Kapandı."

"Neden?" diye sordu Holly.

Polis iç çekti. "Duymadınız mı? Sürücü dün akşam ortaya çıktı. Kazada başka yolcu, araç ve kuşkulu bir şey yoktu. Olay kapandı."

"Tehlikeli araba sürmek ne oluyor?" dedi Holly. "Hız yapmak, dikkatsiz araba kullanmak? Bunlar var!"

"Tanık yok." Polis hâlâ yazmaya devam ediyordu.

"Ama gördüm. Ben tanığım!" Holly öfkelenerek sesini yükseltti. Tracy arkasından tişörtünü çekiyordu.

"Doğrulayacak başka tanık yok." Polis bilgisayarı kapayıp camlı bir kapıdan içeri geçti. Masasını toplamaya başladı. Bir ara başını kaldırıp kızların şaşkın yüzlerine baktıktan sonra gelip masada Holly'nin karşısına geçti.

"Dinle güzelim. Doktor, Justin Mason'ı muayene etti ve hafızasını kaybettiğini onayladı. Sarsıntıya bağlı travma, şok, buna benzer bir şey. Kimse yaralanmadı. Eski bir duvardan başka hasar yok." Anlayışlı bir ifadeyle Holly'ye göz kırptı. "En iyisi her şeyi unutmak, ha?"

Her şeyi unutmak! Polisin Holly Adams'ı tanımadığı belliydi. "Hayır, bakın, sandığınızdan daha başka şeyler var!" diye üsteledi Holly.

Polis ona bir bakış atınca Tracy, Holly'nin tişörtünü daha hızlı çekti.

Holly devam etti. "Arabayı sigortadan para almak için parçaladı. O arabanın değeri otuz beş bin pound! Her şeyi kendisi plânladı: kazayı, hafıza kaybını, her şeyi! Bu bir sahtekârlık!"

Ama polisin sabrı artık taşmıştı. Kollarını göğsünde kavuşturduktan sonra geriye doğru gidip dikkatle Holly'ye baktı. "Küçük Agatha Christie (Agata Kristi), öyle mi?"

"Doğru söylüyorum; olay bütünüyle sahtekârlık!"

Küçük bekleme salonunda, kızların arkasında bir kuyruk oluşmuştu. Polis, Holly'yi sesini alçaltması için uyardı.

O sırada, içeriden bir kadın polis çıktı. "Merhaba." dedi gülümseyerek. Farfield Çiftliği'nde Holly'nin ifadesini alan polisti. "İçeri gelmek ister misiniz?"

Holly, Tracy ile Belinda'ya anlamlı bir bakış attıktan sonra onları içeriye soktu. *Şimdi bir yere varıyoruz,* dedi kendi kendine. Kadın polis, Holly'nin anlattığı her şeyi not ettikten sonra başını kaldırdı. Hâlâ gülümsüyordu. "Sürücünün kim olduğunu biliyor musun?" diye sordu. Sorunun anlamlı olduğu açıktı.

"Justin Mason." dedi Holly duraksayarak. "Tabi."

"Mason ailesinden." dedi kadın üstüne basa basa.

Holly başını sallarken, Tracy saçıyla oynuyordu, Belinda ise kızardı. "Mason ailesi, ah, evet, tabi." dedi Holly ağır ağır konuşarak. Bir yandan, Mason'ların kim olduğunu düşünüyordu.

Kadının gülümsemesi daha da yayıldı. Hafifçe omuz silkti. "Öyleyse, bu kasabada sigortadan para almak için arabasını kazaya uğratacak son insanın Justin Mason olduğunu söylemeye gerek yok, değil mi?" Bir an kızların başlarını sallamalarını ya da onaylamalarını bekledi. "Onun şartlarında bir insan neden böyle bir tehlikeye girsin? Ne ihtiyacı var?"

Korkunç, diye düşündü Holly. Kadın polis kibardı, onlara ev ödevleri için ikinci bir şans tanıyan bir öğretmen gibiydi. Genç ve anlayışlıydı, ama onlara kibarca çekip gitmelerini söylüyordu. Kızlar yerin dibine girmek istediler.

Kadın, Holly'ye önceki gün yaşadıklarından sonra iyi olup olmadığını sordu kibarca. "Öyle bir kazaya tanık olmanın korkunç bir şok olduğunu biliyorum."

"Hayır, iyiyim, teşekkürler." dedi Holly.

"Öyle sanabilirsin, ama bazen insanlar sonradan şok geçirirler." Holly'ye gülümsedi. "Dikkat et ve iyi dinlen." dedi.

Kızlar başlarını salladıktan sonra, polisle kuyruktaki insanların yanından utangaç utangaç geçerek dışarı çıktılar. "Güle güle." dedi kadın polis gülümseyerek. "Çok teşekkürler!"

Karakolun dışında gün ışığına bakarak durdular.

"*Teşekkürler.*" dedi Tracy. "Ne için?" İngiliz kibarlığı onca yıldan sonra onu hâlâ çıldırtıyordu.

"Mason ailesi?" diye tekrarladı Belinda başını sallayarak.

"Kimmiş bu Mason ailesi?" diye bağırdı Tracy.

Holly derin bir soluk alarak itiraf etti. "Bilmiyorum."

"Bilmiyorsun!" Tracy konuşamıyordu.

"Özür dilerim." Holly onları hayal kırıklığına uğrattığını biliyordu. Kadın polisin kibarlığı karşısında cesareti kırılmıştı.

"Boş ver." dedi Belinda. "Anlaşılan, bu Mason'lar burada iyi tanınıyorlar. Zenginler."

"Tabi güçlüler de" diye tahminde bulundu Tracy.

"Öyleyse, bize kimse inanmayacak." dedi Holly. Bir an kendini zayıf ve çaresiz hissettikten sonra toparlandı. Tek bir hata dünyanın sonu demek değildi. "Her şeyi kendimiz kanıtlayamazsak, tabi."

"Tatilimizi canlandırmak için ihtiyacımız olan şey bu." dedi Tracy. "Güzel bir *gizem!*"

Derin bir soluk alarak başa döndüler. "Kim bu Justin Mason?" diye sordu Holly. "İlk soru bu." Parmaklarıyla saymaya başladı. "Gazete haberinde bundan niye söz edilmiyor?"

"Eğer zengin ve güçlüyse, babam onu tanır!" dedi Belinda.

Bay Hayes'i iş gezisine çıkmadan önce yakalamak için doğruca Belinda'nın evine gittiler.

3 Konak

Bay Hayes kızını bahçede görünce iç çekti. Holly, onun neden iç çektiğini anlıyordu. Bahçenin Belinda'dan daha bakımlı olduğunu kabul etmek gerekirdi. At, ev, temizlikçi kadın, her şey ondan daha bakımlıydı. Belinda düzgün çimenlerin üstünde hızla yürürken yine eski yeşil tişörtünü giyiyordu. Bay Hayes'in iç çekmesi şaşırtıcı değildi.

"Baba!" diye bağırdı Belinda. "Bekle!" Bay Hayes şampanya rengi arabasına biniyordu.

Kızlar soluk soluğa yanına vardılar. "İki dakika," dedi Belinda'nın babası, parmağıyla saatine vurarak. "Ancak o kadar."

"Tamam." Belinda bir soluk aldı. Babasının uluslar arası başarıya sahip bir iş adamı olmasına alışkındı ve onun çok meşgul olduğunu biliyordu.

"Sen formdan çok düştün." dedi Tracy öne geçerek. "Bay Hayes, sizden ihtiyacımız olan çok önemli bir bilgi almak istiyoruz."

"Justin Mason hakkında" dedi Holly.

"Hepiniz birden konuşmayın." Kızlar arabanın açık kapısının etrafını sararken, Bay Hayes krem rengi deri koltukta biraz daha geriye çekildi. "Ne öğrenmek istiyorsunuz?"

"Justin Mason kim?" dediler hepsi birden.

"Kolay." dedi Bay Hayes. "Mason (Meysın)'ın oğlu. Yorkshire (Yorkşayır)'daki günlük ve haftalık gazetelerin çoğunun sahibi Mason. Justin tek oğlu. Karısı çoktan öldü. Eddie Mason, Yorkshire'daki en önemli adamlardan biridir."

"Zengin mi?" diye sordu Tracy.

"Çok..." Bay Hayes belli etmemeye çalışarak gülümsüyordu. Para hakkında konuşmaktan hoşlanmazdı. Çünkü kendisinin de çok parası vardı.

"Ne kadar?" diye sordu Tracy.

"Altı, yedi gazetesi, Monaco (Monako)'da bir yatı, Tuscany Tuskani)'de bir villası ve tepenin üstünde büyük bir evi var."

Kızların soluğu kesilir gibi oldu.

"Zengin!" Tracy ıslık çaldı.

"Hangi ev?" diye sordu Holly.

"Konak" Bay Hayes bunu söyledikten sonra arabanın kapısını kapayıp garaj yolunda uzaklaşmaya başladı.

"O atı çalıştırmayı unutma!" diye seslendi Belinda'ya.

"Tamam, tamam." diye seslendi Belinda. Babasının onu atı hakkında uyarmasına gerek yoktu. Onun Meltdown (Meltdovn)'u hiçbir zaman unutmayacağını bilmeliydi.

"Konak ne?" diye sordu Tracy. "Orta Çağ tipi bir şey mi?"

"Evet." Belinda yavaş yavaş anlıyordu. "Willow Dale'in en eski evlerinden biri. Mason? Tabi, Konaklı Mason'lar!" Bu yaygın bir ad olduğu için Belinda bağlantıyı ancak şimdi kurabiliyordu. Kendini tekmeleyebilirdi. "On yedinci yüzyılda kurulmuş çok büyük bir malikâne. Bölmeli pencereleri, kocaman bir bahçesi var."

"Vay!" dedi Tracy etkilenerek.

"Ama eskisi kadar büyük değil." diye devam etti Belinda. "Şimdiki sahibi gazeteci iş adamı Edward Mason yirmi yıl önce arazinin bir kısmını inşaatçılara satmış. Aslında, şu anda o arazinin bir parçası üstünde duruyoruz!"

"Sizin evin konağın arazisinde olduğunu mu söylemek istiyorsun?" Holly, Belinda'ların köşk tarzındaki büyük evlerine baktı. "Demek, Justin Mason'la komşusun!" Belinda bunu daha önce neden söylememişti?

Belinda sıkıntıdan öksürdü. "Öyle anlaşılıyor." Kızlar ona baktılar. "Nereden bilebilirdim? Siz bütün komşularınızı tanıyor musunuz?"

"İnanılmazsın!" dedi Tracy inleyerek.

"Mason yaygın bir ad." diyerek karşı çıktı Belinda.

Tartışmanın anlamı yoktu. "Hiç değilse, konağı bize gösterebilirsin." dedi Tracy.

Belinda'nın peşinden yokuşu çıkmaya başladılar. Tepeye yaklaştıkça daha pahalı evler, daha büyük arabalar görüyorlardı. Sonunda, üstünde aslan heykelleri olan çok eski bir taş kapıya geldiler. Kapının ardında, lâvantalar arasında bir yol uzanıyordu ve yolun sonunda taş döşeli bir avlu ile sarmaşık sarılı bir ev vardı. Evin üstü taş oymalar ve güvercinliklerle kaplıydı.

Konak orasıydı. Bahçeden arta kalana Holly'nin evi gibi altı ev sığardı.

"Çok zenginler..." dedi Holly.

"Hey, şuradan!" Tracy taş duvara doğru el salladı. Duvarı izleyerek evin yakınına geldiler. Kapı girişinde uyuyan iki tane kocaman Danua (Danua) köpeğini, kırmızı ve beyaz güllerle dolu çiçek tarhlarını görebilecek kadar yaklaşmışlardı.

"Ne kadar sakin." diye fısıldadı Holly.

"Çok hoş." dedi Tracy.

"Polisin Justin Mason'a neden inandığı anlaşılıyor." dedi Belinda.

"Burada yaşayan birinin porselen bir fincanı bile isteyerek parçalayacağından kim kuşkulanır?" dedi Holly. "Değil otuz beş bin poundluk bir arabayı!"

Burunlarının dibinde bir makas şıkırtısı oldu. Kızlar hemen eğildiler. Duvarın üzerinde bir bahçıvanın buruşuk yüzü belirdi. "Hey!" dedi onları duvarın dibinde çömelmiş görünce. "Hey, siz!"

Kızlar koşarak yolun aşağısına doğru kaçarlarken, güneşte sersemlemiş köpekler tembelce havlıyorlardı.

Yarım saatten daha kısa bir zaman sonra, kızlar ilk plânlarına dönmüşlerdi. Bisikletlerine atlamışlar, kaza yerine gidiyorlardı.

"Olağanüstü, değil mi?" Tracy üç arkadaşıyla yan yana pedal çevirirken başını salladı. Aşağıda uzanan Willow Dale manzarası harikaydı.

"Kimin fikriydi bu?" Tepenin en dik bölümünü çıkarlarken Belinda arkadaşlarından geri kaldı.

"Tanrı'm, çok formsuzsun!" diye alay etti Tracy. "Her yere o atınla gitmenin cezasını çek."

"Ata binmenin çok hareketli bir spor olduğunu size öğreteceğim!" Belinda'nın gözlük camları buğulanmıştı. "Bunu herkes kabul ediyor. Ata binen kadınlar çok formda olmak zorundadır. Bütün kasların kusursuz bir güce sahip olması gerekir." Ciğerleri ağrımaya başlamıştı. Tepe bitmek bilmiyordu.

"Senin gibi!" Tracy gülerek ilerledi.

"Şşş, düşünmeye çalışıyorum." dedi Holly.

"Birinin düşündüğüne sevindim." dedi Belinda inleyerek. "Neyse, umarım bu yola değer." Sonunda tepeye vardılar. "Devam et, Holly, ne yapacağımızı anlat!"

Bisikletlerinden inip fundaların arasından uçurumun kenarına doğru kıvrılarak giden yola baktılar.

"Önce, anlaştığımız gibi suçun işlendiği yere gideceğiz." dedi Holly.

"Suç işlendiği iddia edilen yer." diye mırıldandı Belinda.

Holly ona aldırmadan kırmızı kulüp defterini çıkardı. "Kaba bir tahminle, çiftliği geçtikten sonraki ilk viraj buraya yarım mil uzakta, tamam mı?"

Yeniden yola çıktılar. "Arabanın beni yoldan çıkardığı yer burası." Holly çalılardan tanımıştı. "Durun!" Diğerleri durdu. "Şimdi hız ve uzaklık ölçeceğiz."

Tracy kaşlarını kaldırdı. "Beynim şimdiden ağrımaya başladı!"

"Bu yüzden hesap makinesi kullanıyoruz!" dedi Belinda, cebinden küçük bir hesap makinesi çıkarırken. Getirmesini Holly istemişti. Makineyi Tracy'ye doğru salladı. "Buna açma kapama düğmesi denir, görüyor musun?"

"Şşş, düşünüyorum!" Holly, Belinda'dan zaman tutmasını istedi. "Bisikletle Justin Mason'ın duvarda açtığı deliğe kadar gideceğim. Ne kadar süreceğini tut, tamam mı?"

Belinda başını salladı. "Tamam. Sonra ne olacak?"

"Sonra Tracy pedometreyi çalıştırıp mesafeyi yürüyerek ölçecek."

"Neyi?" Belinda gözlerini kırpıştırdı.

"Pedometre. Yürünen mesafeyi ölçmek için ayağa takılan bir alet. Koşularda filân kullanılır."

"Tabi, ondan sende de var!" Belinda, Tracy'ye başını salladı.

"Benden gerçekten hoşlanıyor." diye şaka yaptı Tracy. "Ama doğrusu, onu getirmemi neden istediğini anlamadım, Holly."

"Şşş!" dedi Holly.

"Biliyoruz... düşünüyorsun!" Tracy ile Belinda güldüler.

"Zaman ve mesafe ölçeceğiz." Macera Kulübü defterine bir şeyler yazdıktan sonra defteri cebine soktu.

"Hadi, başlayalım!" Tracy, bacağındaki pedometreyle koşmaya başladı. Her zamanki gibi, harekete geçmek için sabırsızlanıyordu. Ayrıca, saat yedide erkek arkadaşı Kurt Welford'la buluşacaktı.

"Tamam mı?" Holly pedal çevirmeye başlarken Belinda saati ayarladı.

Sonunda, Justin Mason'ın arabasının açtığı deliğin yanındaki kırık taş yığınının üstüne oturdular. Belinda hesap makinesine bazı rakamlar girdi. "Saatte yirmi mil." dedi. "Bu senin bisikletle yaptığın hız."

"Şimdi." dedi Holly. "Justine Mason'ın seksen kilometre yaptığından eminim."

"Şunu altmış yap." diye düzeltti Tracy. Çünkü Holly'nin abartma eğilimi vardı.

"Peki, altmış." Belinda'ya baktı. "Bu hızla, Justin Mason'ın yolun bu bölümünü arabayla geçmesi ne kadar sürerdi?"

"Otuz saniye." dedi Belinda hesap makinesine bakarak.

"Bisikletle gitmem ne kadar sürdü?"

"İki buçuk dakika."

İki kız gözleri parlayarak birbirlerine baktılar. "Yine de, buraya vardığımda arabayı taş ocağına yuvarlanırken görebildim!" dedi Holly. "Bir arabanın sert fundalar arasında son iki yüz metreyi gitmesi ne kadar sürer?"

"En çok on beş saniye." diye tahminde bulundu Belinda.

"İşte!" Holly arkadaşlarının kollarını tuttu. "Hesap tutmuyor. Böyle olduğunu biliyordum! Beni bisikletten düşürdükten kırk beş saniye sonra taş ocağının dibine inmiş olmalıydı! İki buçuk dakika sonra değil!"

"Durmuş olmalı." dedi Tracy.

"Evet, yolun burasında arabayı doğru yöne çevirmek için durmuştur. Sonra arabadan atlayıp el frenini çekmiş ve boş arabanın hızla duvarı delip geçmesini seyretmiştir. Uçurumdan düşmesini de!" Belinda tam tabloyu çizdi.

"O sırada benim deli gibi pedal çevirerek kaza yerine geldiğimi görünce duvarın arkasına saklanmıştır. Sonra, hafıza kaybı numarasını yapmak için kasabaya yönelmiştir!" Holly heyecandan zor konuşabiliyordu.

"Holly, sen bir dâhisin!" Tracy zıplayarak Holly'ye sarıldı. "Gerçek bir dâhisin!"

"Harika!" dedi Belinda. "Arabanın çakıl taşlarında kayarak kaza yapmadığına sağlam bir delil bu. Harika!"

"Bu bir başlangıç." dedi Holly. Ama sahte alçak gönüllülük onun tarzı değildi. Taş yığının üstüne çıkıp kollarını gol atmış bir futbolcu gibi kaldırdı. "Aslında, çok müthiş!" diye bağırdı, yumruğunu gökyüzüne doğru savurarak.

4 Çifte tehlike

Tracy saat tam yediye geldiğinde, Kurt (Kört)'ün Annie (Eniy) Çay Salonu'nun önünde bekliyor olduğunu gördü. Gülümseyerek el salladı. Kurt uzun boylu, yakışıklı bir çocuktu ve Tracy'den bir yaş büyüktü. Kurt'ün kriket maçından önce yarım saatleri vardı ve Tracy onun tek konuşmak istediği şeyin kriket taktikleri olduğunu biliyordu. Ama aldırmıyordu. Beynini dışa kapatıp sır dolu yeni olayı düşünebilirdi.

"Merhaba!" Kurt onu yanağından öptü.

Garsonun peşinden cam kenarında bir masaya gidip kolayla meyveli süt ısmarladılar. Salon eski moda dekore edilmişti; buzlu cam pencereler, duvarlarda kocaman av manzaraları, tahta raflarda antika çaydanlıklar vardı. Tracy oradan hoşlanıyor ve Amerika'daki arkadaşlarına yazdığı mektuplarda sözünü ediyordu.

"Ne yenilikler var?" diye sordu Kurt.

"Fazla bir şey yok." Macera Kulübü üyeleri ellerindeki son olayların ayrıntılarını başkalarıyla konuşmama kuralı koymuştu. "Holly dün kırlarda bir araba kazası görmüş. Hepsi bu kadar." Üzerinde durmuyormuş gibi görünmeye çalışıyordu.

"Ya? Doğru, gazetede okudum."

"Arabaya üzülmüşsündür!" dedi Tracy şakayla. "Canım araba yanıp gitti! Ya zavallı Holly?"

"O iyi mi?" diye sordu Kurt.

"Tabi." Tracy şakayı bırakıp gülümsedi. "Son kriket maçını anlatsana." Bunun ona en az beş dakika etrafına bakma fırsatı vereceğini biliyordu.

Sütünü içerken neredeyse boğuluyordu. Baktı, bir daha baktı. İlk bakışında emindi, sonra kuşkuya düştü, daha sonra aklında hiç kuşku kalmadı. Salonun sigara içenlere ayrılmış sakin bir köşesinde Justin Mason oturuyordu!

"Kurt!" Tracy, onun kolunu tuttu. "Şşş! Şuraya bak. Şu kim dersin?"

"Kim? Film yıldızı filân mı?" dedi Kurt. Uzun bacaklı, kızıl saçlı bir kadınla samimî bir hâlde konuşan hoş görünüşlü bir adam vardı yalnızca.

"Justin Mason!" dedi Tracy neredeyse yerinden fırlayarak. "Onu tanımadın mı?"

"*Kim?*"

"Justin Mason. Arabasını parçalayan adam." Tracy yeniden baktı. Justin'la arkadaşı konuşmaya dalmışlardı ve kadının başı Justin'ın omzuna eğiliyordu.

"Sakin ol." Kurt hafızasını yokladı. "Evet, benziyor." dedi. "Kadın kim, peki?"

"Bilmiyorum." dedi Tracy. Kadının üstünde sarı bir blûzla beyaz pantolon ve ayaklarında parlak sarı ayakkabılar vardı. Birçok altın mücevher takmıştı ve son derece kendini beğenmiş görünüyordu. "Onu daha önce hiç görmedim."

"Adam kötü görünmüyor ama." Kurt eğilip kız arkadaşını öpen Justin Mason'ı seyrediyordu.

"Hafıza kaybı." dedi Tracy. "Her şeyi unutmuş. Buna inanabilir misin?"

Kurt başını salladı. "Bana çok normal görünüyor." Justin o anda kadının yanağını okşuyor ve gülümseyerek bir şeyler söylüyordu. İkisi de etraflarının farkında değil görünüyorlardı.

"Anlıyorum!" dedi Tracy.

"Ne? Neyi anlıyorsun?" Kurt saatine baktı. "Hey, dinle, ben gitmek zorundayım. Geç kalacağım." Ayağa kalktı.

"Hayır!" Tracy fırsatı yakalaması gerektiğini biliyordu. Macera Kulübü'nün kuşkulandığı adam orada oturuyordu ve Tracy'nin yapması gereken önemli bir şey vardı.

"Dinle Kurt, burada kal ve gözlerini o ikisinden ayırma, olur mu? Ben bir telefon edeceğim."

Kurt oturdu. "Peki, ama çabuk ol." Tracy'ye baktı. "Çalışmaya katılmam gerek, biliyorsun. İlk takımdaki yerimi kaybetmek istemem."

"İki dakika." diye söz verdi Tracy ve telefona doğru yürüdü. Çabucak Holly'nin numarasını çevirdi. Telefonu Jamie açtı ve Holly'nin Belinda'da olduğunu söyledi. Tracy, Belinda'yı aradı. Annesi ikisinin de ahırda olduklarını söyledi.

Tracy dönüp salona baktı, ama Justin Mason'ı göremiyordu. Tek görebildiği sabırsızlıkla bekleyen Kurt'dü. "Onu çağırabilir misiniz, Bayan Hayes? Acil."

"Bekle, seni bağlayacağım." dedi Bayan Hayes. Ahırda paralel telefonları vardı.

Belinda telefonu açar açmaz, Tracy haberi verdi. "Her şeyi bırakın! Hemen buraya gelin. Annie'deyim. Gelince anlatırım!" Sonra soğukkanlı bir tavırla masaya döndü.

"Tamam mı?" dedi Kurt.

Tracy, Jason Mason'ın oturduğu köşeye baktı; hâlâ oradaydılar.

"İki öpücük ve bir sarılma daha..." diye rapor verdi Kurt. Bunu söylerken kızararak tebessüm etti.

Tracy güldü.

"Dinle, gitmek zorundayım. Millî mesele, biliyorsun." Kurt ayağa kalktı.

"Şu kriket!" diye homurdandı Tracy.

Kurt uzaklaşırken hâlâ gülümsüyordu. Elini salladı. "Görüşürüz."

Tracy, başını salladıktan sonra saatine bakarak sütünü yudumlamaya başladı. Bir dakika, iki dakika, üç. Justin Mason hesabı istedi. Kız arkadaşı tuvalete gitti. Beş dakika sonra Tracy kendi kendine homurdandı. Holly ile Belinda nerede kalmışlardı?

Kız arkadaşı geri gelirken Justin ayağa kalktı. Kadının yeşil ceketini giymesine yardım ettikten sonra hesabı alıp kasaya gitti. Çok geçti. Macera Kulübü altın fırsatı kaçırmıştı!

Justin hesabı ödedikten sonra kolunu kız arkadaşına sarıp onu kapıya doğru götürdü.

Tam o sırada, Holly kapıyı açıp içeri daldı. Belinda da arkasındaydı. Justin bir adım gerileyerek yoldan çekildi. Holly mırıldanarak teşekkür ederken birden durdu. Girişte, Justin Mason'la yüz yüze duruyordu.

Bir an zaman durmuş gibi oldu. Holly'nin yüzünden şaşkınlık akıyordu. Justin Mason karşısındaydı. İki adım önünde duruyordu. Saçları özenle taranmıştı, yüz hatları küçük ve düzgündü. Gözleri soğuk ve hesapçıydı. Holly onun gözlerini ilk kez görüyordu.

Justin'ın kız arkadaşı onların arasından geçip rengârenk görünüşüyle kapıdan çıktı. Justin Mason, Holly'nin yüzüne bakarak duraksadı. Gözleri kısıldı, ağzı yana kaydı. Onu hatırlamaya çalıştığından Holly emindi. Bakışlarını ondan kaçırarak yere doğru baktı. Ama Justin Mason onu tanımıştı! Holly'ye, *seni tanıdım. Seni ilk ne zaman gördüğümü biliyorum,* diyen bir bakış attı.

Kız arkadaşı dışarda sabırsızlıkla bekliyordu. Justin kendini toparladı ve kasiyere başını salladıktan sonra çıktı.

Tracy kalın, yeşil halının üstünde koşarak arkadaşlarını karşıladı. Bir an heyecandan konuşamadılar. Holly, Justin Mason ile yüz yüze gelmesinin etkisi altındaydı hâlâ.

O ana kadar o yüzü ya televizyonda ya da gazetede görmüştü. Justin Mason'ın gerçek yüzü Holly'nin düşünebileceğinden çok daha soğuk, sert ve zalimdi.

"Seni tanıdı!" diye fısıldadı Tracy. "Hiç kuşku yok!"

Holly düşünceleri arasında kaybolmuş hâlde, sessizce başını salladı.

"Size yardım edebilir miyim?" diye sordu kasiyer. "Üç kişilik masa mı istiyorsunuz?"

Tracy, başını salladıktan sonra arkadaşlarını kafeteryadan çıkardı.

"Kim olduğunu anladı!" diye tekrarladı Belinda. Bakışlarıyla caddeyi taradı, ama Justin'la kız arkadaşı gitmişti. "Bunun ne anlama geldiğinin farkında mısınız?"

Bir ipucu daha bulmuşlardı. Ve kesin delil. Holly kendini noktaları birleştirerek resim yapan bir çocuk gibi hissediyordu. Durum şekillenmeye başlamıştı.

"Yalan söylediği ortada." dedi Holly. "Kim olduğumu hatırladığına göre, hafızasını kaybetmiş olamaz. Doktor yanılıyor. Polis de yanılıyor. O bir sahtekâr!" diye bağırdı.

"Kesinlikle!" Tracy'nin bir anda yaptığı plân iyi sonuç vermişti. Gülümserken ağzı kulaklarına varıyordu.

"Yine de o kadar basit değil." dedi Belinda.

"Neden?" diye sordu Tracy. Kutlamanın zamanı gelmişti, değil mi?

"Çünkü artık Holly'nin kim olduğunu biliyor!" diye açıkladı Belinda. "Arabasını parçalarken olayı gören kızın o olduğunu biliyor. Holly'nin çok fazla şey bildiğini biliyor."

Holly, bu sözcüklerin beynine buz gibi damladığını hissetti. Başından beri Justin Mason'ın tehlike saçtığını biliyordu. Önce manyak gibi araba sürerek onu hendeğe yuvarlamıştı. Şimdi ise, Holly'yi işlediği suçu gören kişi olarak tanımıştı.

Holly'nin burnu tehlike kokusu alıyordu. Çifte tehlike!

5 Willow Dale 703611

"Evet, ama kim olduğumu bilmiyor!" diye tekrarladı Holly kendi kendine. Yatak odasındaki aynaya bakıyordu. Korkusu ancak yatak odasına dönüp tanıdık posterleriyle fotoğraflarının arasında olduğu zaman sönmeye başlamıştı. Odasının sıcak ve sevimli olmasından hoşnutluk duyarak, şeftali rengi yastıklara yaslandı.

"Bu olaya karışmak istemiyorsan, anlarım." demişti Belinda. "Bu işte tehlikeye girebilecek kişi sensin."

"Beraberiz. Bize güvenebilirsin!" demişti Tracy de.

Cesaretlerini toplayıp evlerine dönmüşlerdi.

"Şimdi ne olacak?" diye sordu Holly aynadaki hayaline. "Durumu bildiğimi biliyor. Ama ne yapabilir?" Omuzlarını dikleştirdi. Korkması gereken kişi Justin Mason'dı. Çünkü onun gizleyecek bir şeyi vardı.

Holly dikkatle saymaya başladı. Bir: Araba kazasının ve hafıza kaybının numara olduğunu biliyorlardı. İki: Justin Mason'ın para için her şeyi yapmaya hazır olduğunu biliyorlardı. Ama nedendi?

Holly sorulara her yönden yanıt aramaya başladı. Kız arkadaşı pahalı armağanlardan mı hoşlanıyordu? Justin Mason yaptığı büyük bir işte kayba mı uğramıştı? Borç içinde olduğu için bankalar ona borç para vermiyor muydu? Yanıtların hiçbiri tatmin edici gelmiyordu. O kadar varlıklı bir aileden gelen birinin paraya neden ihtiyacı olsundu? Milyonları olan bir aile için otuz beş bin pound neydi? Holly derin düşünceler içinde yatağının üstünde oturuyordu.

Jamie elinde oyuncak silâhıyla hızla odaya dalınca, Holly'nin sinirleri yeniden bozuldu.

"Öldün!" diye bağırdı Jamie komando gibi kendini yere atarak.

"Ama sen ciddî olarak öleceksin... hemen buradan gitmezsen!" Holly, kardeşine bir kalem attı, ama hedefi tutturamadı.

"Yeni olayını çözdün mü?" diye alay etti Jamie. "Okul dergisinde yazacak mısın?"

"Jamie, çık dışarı!" Holly saç fırçasını fırlattı.

"Aahh!"

"Jamie!" diye seslendi Bayan Adams aşağıdan. "Sataşmayı kes!"

Jamie sıvışıp gitti.

"Haklı!" dedi Holly. Birden aklında bir ışık çakmıştı. "Hiç düşünmedim, ama Jamie haklı! Gazetede yazabilirim... ya da yazıyormuş gibi yapabilirim!" Aynanın karşısında dikleşti; uzun boylu, ince bir kızdı ve gözlerinde kararlı bir ifade vardı.

Aşağı inip telefon rehberini açtı ve aradığı numarayı çabucak buldu: Mason Gazetecilik Grubu, Merkez: Willow Dale 703611. Telefonu odasına götürüp numarayı çevirdikten sonra soluğunu tutarak bekledi.

"Mason Gazeteleri." diyen bir kadın sesi geldi hattan.

Holly cesaretini toplamaya çalışarak bir an duraksadı.

"Yardımcı olabilir miyim?" diye sordu kadın kibarca.

"Ben Winifred Bowen Davies Okulu'ndan Holly Adams. İngilizce dersi için bir ödev hazırlıyorum."

"Evet?" Ses profesyonel ve sabırsızdı.

"Bay Mason ile bir görüşme yapmam mümkün mü?" Holly sesini mümkün olduğu kadar heyecanlı, saf ve genç çıkarmaya çalışıyordu. Kadının sempatisini kazanmak istiyordu.

Telâşla devam etti. "Öğretmenimiz bu bölgeden bir iş adamı ya da iş kadınıyla bir röportaj yapmamızı istedi. Bay Mason,

Willow Dale'de ünlü bir iş adamı ve gazete işinde olduğu için en uygun kişinin o olduğunu düşündüm. Kabul eder mi, dersiniz?"

Bir sessizlik oldu. Telefondaki kadın etkilenmişti. "Bay Mason şu anda evinde. Ona telefon edeyim. Adınızı tekrar verir misiniz?"

"Holly Adams."

"Bir dakika bekleyin lütfen."

Holly umutla beklemeye başladı. Bu düşünceyi aklına Jamie getirmişti. Konağın taş duvarlarını aşmak için bu iyi bir yoldu. Telefonun yeniden kaldırıldığını duydu.

"Alo, Bayan Adams? Bay Mason'la konuştum, yarın sabah size yarım saat ayırabileceğini söylüyor. Uygun mu?"

"Harika! Yani, çok uygun. Teşekkürler."

"Yarın sabah evine gidin, dokuz buçukta. Beni sorun. Orada olacağım."

"Kim olduğunuzu öğrenebilir miyim, lütfen?"

"Rachel Stone (Raşel Ston). Bizi nasıl bulacağınızı biliyorsunuz, değil mi? Moor Sokağı'ndaki konaktayız."

"Evet, teşekkür ederim. Şey, Bayan Stone..."

"Rachel."

"Ah, Rachel, iki arkadaşımı da getirebilir miyim? Ödevi birlikte yapıyoruz. Bay Mason bir şey der mi?"

Rachel bu son isteği bir an düşündü. "Hayır, uygun olduğunu sanıyorum. Ama Bay Mason'ın meşgul bir adam olduğunu unutmayın. Yardım etmeyi sever, özellikle gazetecilikle ilgilenen gençlere; onun için, seninle görüşmeyi kabul edeceğini biliyordum. Ama sorularınızı sormak için yalnızca otuz dakikanız olacak. Ben olsam, soruları yazardım."

"Evet, teşekkürler, Bayan... Rachel. Teşekkür ederim!" Holly telefonu kapadı. O anda Jamie'ye sarılabilirdi. Plân çok iyi işlemişti.

Belinda bile dokuzu çeyrek geçe hazırdı. Tracy ile Holly ona telefon etmişlerdi. "Şık bir şey giy." demişti Holly. Belinda kapıya çıktığında, saçları at kuyruğu hâlinde toplanmıştı, ama bunun dışında görüşme için başka bir ayrıcalık yapmamıştı; üstünde kot pantolonla tişört vardı.

"Seni dışarı atacaklar!" dedi Tracy. "Çünkü çöpçü olduğunu sanacaklar."

"Aksanım yüzünden atmazlar ama, değil mi?" dedi Belinda.

Tracy pes etti. İngiliz toplum kurallarını hiç anlamıyordu. Onun geldiği yerde insanlar her zaman en iyi şekilde görünmeye çalışırlardı. Bu yüzden, kısa plili eteğiyle orkestra konserlerinde giydiği koyu renkli blûzu giymişti. Holly de işli beyaz blûzuyla şık ve çalışkan bir öğrenciye benziyordu.

Atışarak konağın taş girişine geldiler. Holly birbirinden bu kadar farklı üç kişinin Macera Kulübü'nde nasıl bir araya geldiğini merak ediyordu.

"Şimdi ne yapacağız?" diye sordu Tracy.

Onlar kapıda tereddüt ederken, bir kadın peşinde köpeklerle birlikte onları karşılamaya geldi. İnce uzun, açık renk tenli ve güzel bir kadındı; çene hizasındaki açık kahverengi saçları dalgalanıyordu. Güneşe karşı elini gözlerine siper yapmıştı, ama yaklaşınca Holly onun küçük yüz hatları ve iri elâ gözleri olduğunu gördü.

"Hanginiz Holly?" dedi kadın gülümseyerek.

"Benim." Holly öne çıktı. Bütün o ihtişam karşısında soğukkanlı davranmaya kararlıydı.

"Ben Rachel Stone." El sıkıştılar. "Bay Mason'ın sekreteriyim."

Kadın onları tavanı kirişli kare bir hole soktu. Her yöne doğru meşe kapılar ve yukarı çıkan oymalı korkuluğu olan bir merdiven vardı. Merdiven ahşap lâmbrilerle dekore edilmiş ve koyu kırmızı buzlu cam pencereleri olan bir sahanlığa çıkıyordu. Duvarlardaki oyuklarda kurşundan süs eşyalarıyla mavi, beyaz pahalı porselenler vardı.

Evin arka tarafında bulunan bir çalışma odasına girdiler. Bahçeye bakan oda raflara dizilmiş eski kitaplara karşın, modern görünüşlüydü. Kocaman tahta bir masada bir bilgisayar ve odada en az üç telefon vardı. Bütün tahta masalar ve sehpalar lâvantalı cilâ kokuyordu.

Kızlar gördükleri ihtişam karşısında büyülenmiş hâlde, kırmızı desenli halının üstünde bir araya toplanırlarken, Rachel patronunu getirmeye gitti.

"Vay!" dedi Tracy saf bir kız gibi etkilenerek. "Özür dilerim." Sonra kendini topladı. "Böyle bir evde daha önce hiç bulunmamıştım, tabi filmlerde görüyorum!"

Belinda daha az etkilenmişti, ama Justin Mason'la aynı çatı altında olma düşüncesiyle avuçlarının içi terliyordu. Başını salladı. "Bu işin biraz tehlikeli olduğunu düşünmüyor musunuz?"

"Şşş!" Holly kapıdan ses geldiğini duyunca döndü. "Bay Mason?"

Kapıda koyu renk takım elbiseli, yaşlı bir adam duruyordu. Uzun boylu, kır saçlıydı. Gülümseyerek onlara doğru geldi, ama boşluğa gülümser gibiydi. Bir politikacı gibi el sıkıştı.

"Girişkenlik hoşuma gider!" dedi onları kutlayarak. "Ve hevesli gençler!" Kocaman masanın arkasına geçip rahatça oturdu. Lâmbanın ışığında yüzünün kırışık olduğu ve kaşlarının arasında derin çizgiler bulunduğu görülüyordu. Ama sesi hoştu. "Okulla toplum arasında bağlantılar da hoşuma gider." Kızları oturmaları için çağırdı.

Holly boğazındaki yumruya karşı yutkunarak oturdu. "O zaman, sizin okuduğunuz okulla başlayabilir miyiz? Önce biyografik bazı bilgiler almak istiyoruz." Kalemiyle kırmızı kulüp defterini çıkardı.

"Tabi." Adam gülümsemeye devam ediyordu. "Başarı kazanan fakir çocuğun peşindesiniz, sanırım. Bu iyi bir hikâye olur; paçavralardan zenginliğe." Etrafına baktı. "Devam edin, ateş!"

Holly soruları sordu ve Bay Mason yanıtladı. Sıkı çalışma ve kararlılığa inanan saygıdeğer gelenekçinin kabuğunu hiçbir şeyin kıramayacağı açıktı. "Çok çalışırsanız, istediğiniz her şey olabilirsiniz." diye devam etti Bay Mason. "Kırk yıl önce işe de *Sheffield Star* (Şefıld Star)'da ölüm ilânları ve seri ilânlarla başladım, bir de şimdi bakın. Eski hikâye. Çok çalışmak." dedi parmaklarıyla masaya vurarak. "Sıkı çalışma ve disiplin. Leeds (Lits)'de sırt sırta bir evde doğduğuma inanır mısınız?"

Holly hararetle yazıyordu. "Ve kişisel bir soru, Bay Mason. İşteki başarınız ödemek zorunda kaldığınız bedele değdi mi?" Bay Mason'ın soruya bir soruyla karşılık vermeden önce çekinir gibi olduğunu fark etti.

"Ne bedeli demek istiyorsun?"

"Başka şekilde sormak gerekirse, insan işte başarı kazanırken aynı zamanda özel yaşamında mutlu olabilir mi?"

Adam duraksadı. "İşe çok enerji harcamak gerekiyor, tabi." dedi sonunda. Boğazını temizledi. "Ne yazık ki, benim karım yirmi yıl önce, oğlum sekiz yaşındayken öldü. Bu nedenle, hiçbir zaman ev yaşamıyla iş arasında cambazlık yapan tipik iş adamlarından olmadım. Bir daha evlenmedim." Bay Mason ayağa kalkıp pencereden bahçeye, garaj yolundaki Rolls Royce (Roys Roys)'una baktı. "Ama diğer iş adamları gibi, çabalarımın tek ailem olan oğlumun yararına olacağına umuyorum." Sesi daha alçak ve daha az güvenliydi.

"Oğlunuz Justin mi?" dedi Holly hemen.

"Evet, Justin." Bay Mason bahçede bir şeye dalmıştı.

"Gazeteler ona mı kalacak?"

Yaşlı adam başını salladı. "Ev ve her şey. Zamanı gelince tabi."

"Başka çocuğunuz yok mu?"

Bay Mason kaşlarını çattı. "Hayır." Bir an sustu. "Hayır, her şey Justin'a kalacak. Eğer o tek parça hâlinde kalmayı başarabilirse." Sesi üzgün ve umutsuz geliyordu.

"Justin de gazeteciliğe meraklı mı?" diye sordu Holly dikkatle.

Yaşlı adam ona döndü. "Zamanınız bitti, ne yazık ki." Yine politikacı gülümsemesini takındı. "Evet, Bayan Adams, Bayan Foster, Bayan... ee... Hayes, umarım istediğiniz bilgileri almışsınızdır. Artık gitmek zorundayım. Sizi geçirmesi için Rachel'i çağırayım. Sizinle tanıştığıma sevindim, ödevinizde başarılar dilerim." Kızlara tek tek başını salladı ve resmî bir tavırla hafifçe eğildikten sonra gitti.

"Mutlu bir adam değil." dedi Belinda.

Her şeye sahip olup da mutsuz olmak Holly'ye tuhaf geliyordu. "Ama her kuruşa Justin sahip olacak." dedi. "Öyleyse, otuz beş bin pounda neden ihtiyacı var?"

"Moralini bozma. Yanıtın hemen kucağımıza düşmeyeceğini biliyorduk." dedi Belinda. "Önemli olan burada olmamız. Gerisi bize kalmış!"

Rachel biraz sonra geldiğinde onlara terasta soğuk bir şeyler içmeyi teklif etti. "İyi bir iş başardınız." dedi. "Üstelik, Bay Mason gitmeden hemen önce. Programı çok dolu."

Holly her şeyin büyüleyici olduğunu söyledi. "İş hakkında daha fazla şey öğrenmek isterdim." Hevesle Rachel'e baktı.

"Ne gibi?"

"Gazete nasıl çıkarılıyor, ilânlar filân."

"Tirajımız? Böyle şeyler mi?"

"Evet. Bana birkaç dakika ayırabilirseniz çok minnettar olacağım." Holly'nin heyecanı numara değildi.

"Tabi." Rachel Stone her zamanki kibarlığıyla kızları dışarı çıkardıktan sonra kâhya bir tepsiyle içecekleri getirdi. Holly sorular sorarken, Tracy ile Belinda bir süre etrafta dolaştılar.

"Ahırlara bakabilir miyiz?" diye sordu Tracy.

"Lütfen!" diye ekledi Belinda yüzü hemen aydınlanarak.

"Tabi." dedi Rachel yine.

Tracy ile Belinda, Holly'yi bırakıp ahırlara doğru yürüdüler. "Arkadaşım atları çok sever." dedi Holly sanki küçük bir kusurmuş gibi. "Onu atlardan uzak tutamıyorum."

"Hangisi?"

"Belinda. Kendi safkan atı var, adı Meltdown. Ona deli oluyor."

Rachel da aynı duyguları paylaşıyordu. "Ah, biliyorum. Her zaman bir atım olmasını istedim. Ya sen?"

"Hayır. Ben her zaman gazeteci olmak istedim." diye karşılık verdi Holly. "Gazetelerle ilgili her şeyi seviyorum."

"Evet, büyüleyici." dedi Rachel.

Holly gülümsedi. Rachel'le iyi anlaşıyorlardı.

6 Yanlış bir hareket daha

Ahır kahverengi, kıvırcık saçlı bir çocuk tarafından temizleniyordu. Çocuğun üstünde soluk bir kot pantolonla yakası açık mavi bir gömlek vardı. Kendini Tracy ile Belinda'ya Simon Clarke (Simon Klark) olarak tanıştırdı.

"Burada mı yaşıyorsun?" diye sordu Tracy. Belinda bir atın boynunu okşamakla meşguldü.

Çocuk başını salladı. "Annem Bay Mason'ın yanında çalışıyor. Kâhya."

"Nasıl?" diye sordu Tracy. "Burada yaşamak harika olmalı."

Simon, çatalını samanlara sapladı. "Korkunç, aslında." dedi. "Müzede yaşamaya benziyor." diye ekledi. Bahçeye çıkıp bir hortumu musluğa taktı.

Belinda kendini atlara göründüğü kadar kaptırmamıştı. "Aklıma parlak bir fikir geldi." dedi Tracy'ye. "Senin yapacağın bir şey!"

"Benim mi?"

"Senin. Onunla sohbet et. Sarışın güzelliğin ve bembeyaz gülümsemenle onu kendine hayran et!"

"Simon'ı mı? Ne için? Benim erkek arkadaşım var!" Tracy, Belinda'nın niyetini anlamakta zorlanıyordu.

"Hayır, aptal! Eğer onunla samimi konuşursan, sana âşık olur ve öğrenmek istediğimiz her şeyi anlatır!"

"Justin hakkında mı?" Tracy ayağında kalın siyah çizmeler olan Simon'a baktı. Doğrusu, Kurt olmasaydı ona biraz ilgi gösterebilirdi.

"Tabi Justin hakkında. Buraya bunun için gelmedik mi?" Belinda, Tracy'nin gözlerine baktı. "Yaşlı adamla pek bir yere varamadık, öyle değil mi? Aile sırlarını vermeyecek kadar akıllı." Bakışları bahçeye çevrildi. "Oysa Simon..."

Tracy, anî bir karar verdi. "Tamam." dedi omuzlarını kaldırarak. "Her şey görev için."

Simon hortumu boş su kovalarının yanına çekti. İşini bitirmek için sabırsızlanıyordu. "Gidip musluğu açsana." dedi Tracy'ye.

Tracy ona göz kamaştıran bir gülümsemeyle baktıktan sonra sevimli bir tavırla bahçeye yürüdü. Simon onun güzel ayakkabıları yüzünden at pisliğine basmamaya dikkat ettiğini fark etti. "Kıyafetin bu işe uygun değil." diye mırıldandı, Belinda'nın yıpranmış spor ayakkabılarına bakarak. Belinda kızardığını hissederek Simon'ın gülümsemesine karşılık vermedi.

Tracy suyu sonuna kadar açınca, hortum basınçtan Simon'ın elinden kurtuldu. "Dikkat et!" diye bağırdı Simon. Her tarafa su püskürdü, ama en çok Simon'la Belinda ıslandı.

Belinda bir çığlık atınca Tracy ona doğru koştu. Simon hortumu yakaladı ve, "Geri dön!" diye bağırdı. "Suyu kıs!"

Belinda sırılsıklam durumda samanların üstüne oturdu. Simon da yanına gitti. Tracy musluğu kısıp geri döndüğünde, ikisi de kahkahalarla gülüyorlardı.

Sonra Simon kibarlaştı. Belinda'nın kalkmasına ve ıslak pabuçlarını çıkarmasına yardım ettikten sonra kuruması için onları güneşe koydu. "Özür dilerim." dedi tekrar tekrar. Ama gülmemek için kendini tutuyordu. "Hiç komik görünmüyorsun!"

Simon üstünü değiştirmeye gidince, Tracy plânı çabucak değiştirdi. Sarışın, mavi gözlü olmak işe yaramamıştı. "Evet." dedi muzipçe. "Benim çekiciliğime direnç gösterebilir, ama sana âşık oldu."

"Hayır!" diye bağırdı Belinda. Erkek çocuklara karşı çok beceriksizdi. Yerin dibine girmek istiyordu.

"Evet!" dedi Tracy üsteleyerek. "Benim yerime onunla samimileşebilirsin."

Belinda'nın yüzü dehşet içindeydi. "Hayır!" diye bağırdı. "Beni bırakma!" Hâlâ kurumamıştı. Terlerken birden üşüdü ve titremeye başladı.

Simon elinde kuru bir gömlekle geri geldi. "Al." dedi Belinda'ya gülümseyerek. "Bunu giysen iyi olur." Ve uzak bir köşeye gidip bir işle meşgulmüş gibi yaptı.

"Beni bırakma!" diye yalvardı Belinda yeniden, kuru gömleği giymeye çalışırken. "Tracy, lütfen gitme!" Simon haber vermek için ıslık çalarak geri geliyordu bile.

"*Pekâlâ!*" Tracy artık eğleniyordu. "Ben gidip Holly'nin ne yaptığına bakacağım. Sonra görüşürüz!" diyerek gitti. Belinda korkunç bir panik hissediyordu.

"İyi misin?" diye sordu Simon, Belinda'nın gömleğin içinde hâlâ titrediğini fark ederek. "Gömlek sana benden daha çok yakıştı." dedi. "Kahve ister misin?"

Belinda içinden inleyerek başını salladı. Bağlılıklarını unutmamalıydı. Doğruydu; Simon'ın ağzından, Bay Mason ve oğlu hakkında yararlı bilgiler alabilirdi. Ama ne bedelle? Simon'a katlanmak zorundaydı ve bu hiç hoşuna gitmiyordu. Simon'ın ondan hoşlandıgı belliydı. Belında cesaretını toplayıp onun peşınden gitti.

Simon onu çalışma odasına aldı. Odada çiviler, ipler, birkaç alet ve bir köşede çaydanlık vardı. Şaşırtıcıydı ama, bu Belinda'nın midesinde kıpırtılar yarattı. Deri kokusuyla etrafın dağınıklığı hoşuna gitmişti. Biraz sonra gevşedi. Hatta gülümsemeyi becerdi.

"Burada yaşamaktan gerçekten nefret mi ediyorsun?" diye sordu, sıcak fincanı alıp eski bir iskemleye otururken.

"Bazı şeylerden." Simon hâlâ ona bakıyordu. Sonra tehlikeyi göze alarak konuşmaya başladı. "Tuhaf." dedi. "Bazı kızlar güzel giyinip makyaj yaparlar. Ama sen doğal hâlinle güzel görünüyorsun."

Belinda kıpırdanarak yutkundu. Simon'ın sözlerine aldırmamaya çalıştı. "Hoşlanmadığın ne?" diye sordu.

"Yer iyi. Yaşlı adam da iyi."

"Ama..."

"Oğlu tam bir geri zekâlı!" Simon kendini tutamadan sözcükler ağzından dökülmüştü.

"Justin mi?" Belinda iskemlede dikildi. "Neden?"

"Kendini bir şey sanıyor, o yüzden. Konağın sahibi gibi. Şunu yap, bunu yap. Annemi delirtiyor. Onunla karşılaşmamak için elimden geleni yapıyorum."

"Babasıyla anlaşıyorlar mı?" Belinda çok önemli bir şeyin kokusunu alıyordu.

Simon homurdandı. "Şaka ediyorsun! Justin onunla hep tartışır. 'Şunu istiyorum, bunu istiyorum.' Son zamanlarda, yaşlı adam hayır demeye başladı!"

Belinda başını salladı. "Para için kavga ediyorlar?" Simon gelip koltuğun arkasına dayandığı ve elini omzuna koyduğunda neredeyse aldırmadı. "Öyle mi?"

"Su gibi para harcıyor. Başka ne olabilir? Her zaman kulüplere, at yarışlarına filân gider. Ama harcadığı kendi parası değil. Hiçbir zaman bir gün bile çalışmadı. İhtiyar artık bıktı."

"Peki ne yapıyor?"

Simon sözünü bitirmemişti. "Ayrıca, bir yığın kadın var."

"Kız arkadaşları mı?"

"Her hafta değişik biri. İhtiyar bu konuda da biraz eski kafalı. Bazılarının evli olduğunu tahmin ediyorum. İhtiyar buna dayanamıyor. Onları eve almadığı için, Justin gizlice sokuyor. Bay Mason böyle şeylerde çok katı."

"Justin ne diyor?"

"Hiçbir şey. Sadece surat asıyor. İhtiyarın arkasından bildiğini yapıyor, dediğim gibi." Simon düşünceli bir ifadeyle kahvesini içti. "Oh oldu."

"Ne? Kime?" Belinda konuşmayı izlemeye ve aklında tutmaya çalışıyordu.

"Justin'a. Oh oldu. İhtiyar onun kumar borçlarını ve evli bir kadınla olan skandalı öğrendi."

"Ufak tefek, güzel, uzun kızıl saçlı?"

Simon başını salladı. "Nereden biliyorsun?"

"Boş ver. Sonra ne oldu?"

Simon yavaşça gülümsedi. "İhtiyar onun harçlığını kesti. Para olmayınca kadınlar Justin'a yüz vermez. Tek peşinde oldukları şey para! Justin öfkeden çıldırdı."

"Eminim. Bu ne zaman oldu?" Belinda'nın aklı duydukları üzerinde hızla çalışıyordu.

"Bir ay kadar önce."

"Demek, parasız kaldı. Sonra arabasının kaza yapması durumu daha da kötü yapmıştır. Gazetelerde okudum." diye anımsattı Belinda.

Simon yeniden gülümsedi. "Ona göre öyle. Ben, sigortadan para almak için bilerek yaptığını düşünüyorum."

Belinda neredeyse elinden fincanı düşürüyordu. Ağzı açık kaldı. "Kazanın sahte olduğunu mu söylemek istiyorsun?" Saf ve şok olmuş görünmeye çalışıyordu.

"Benim ilk aklıma gelen bu oldu. Eğer yaptıysa, geri tepecek. Ah, evet, uysal bir doktorun yardımıyla polisi ve herkesi kazanın gerçek olduğuna inandırdı. Ve hafızasını kaybettiğine. Sigortadan parayı istedi."

"Ama?" Belinda sonrasını neredeyse dinlemek istemiyordu.

"Ama ihtiyar Bay Mason belki de anladı. Justin'a, parçaladığının aynısı bir araba almak zorunda olduğunu söyledi. Para ona kalmayacak! Annem Justin'ın yüzünün bir karış sarktığını söylüyor. Oh oldu!"

Belinda düşünüyordu. Justin'ın onca plânı boşa gitmişti. "Zavallı Justin." dedi başını sallayarak.

"Zavallı Justin! İhtiyar ona tek bir hatalı hareket daha yaparsa, kumar oynamaya ve kadınlara devam ederse, onu sonsuza kadar beş parasız bırakacağını söyledi!"

"Onu mirasından mahrum mu edecek?" Belinda'nın şaşkınlığı bu kez gerçekti. Holly'nin Justin hakkındaki soruları karşısında Bay Mason'ın neden hassaslaştığı anlaşılıyordu.

"Bundan sonra uslu bir çocuk olmak zorunda." Simon gülümsedi. "Biliyor musun, bunları sana anlatmak beni eğlendiriyor."

Öğrendiklerine sevinen Belinda da gülümsedi. "Simon, teşekkür ederim!" Ayağa fırlarken, yanlış bir izlenim vermemek için Simon'ı kucaklama dürtüsüyle savaşıyordu!

Simon kızardı. "Ne için? Seni sırılsıklam ettim."

"Biliyorum. Dinle, bu gömlek biraz bende kalabilir mi? Arkadaşlarımı bulduktan sonra yapacağım bir şey var."

Simon fırsatın kaçıyor olduğunu görerek cesaretini topladı. "Benimle çıkar mısın?" Daha iyi bir teklif şekli düşünecek zaman yoktu.

Belinda kulaklarına inanamıyordu. Daha önce erkek arkadaşı olmamıştı ve şimdi başlamak istemiyordu. Ama Simon'ı gözden çıkaramazlardı. "Peki." dediğini fark etti. "Ne zaman?" Tracy'yi öldürecekti.

"Yarın. Patinaj sahasında. Yedi iyi mi?"

"İ... iyi!" Belinda dehşet içindeydi. Böyle bir şey gerçekten oluyor muydu? Bir buluşmaya evet demişti! "Görüşürüz o zaman!"

Simon eğilip onu öpemeden, Tracy'yi bulmak için fırladı. Simon'ın anlattıklarının tek sözcüğünü bile unutmak istemiyordu!

Tracy terastaydı, endişeli ve sarsılmış görünüyordu. "Onu gördüm!" dedi.

"Kimi? Justin Mason'ı mı?"

Tracy başını salladı. "Holly ile Rachel'i bulmak için buraya geldim, ama başka bir yere gitmişlerdi. Orada olup olmadıklarını anlamak için gizlice Bay Mason'ın çalışma odasına baktım, ama gördüğüm Justin oldu."

"O seni gördü mü?"

"Hayır. Masa takvimine bakıyordu. Ciddî görünüyordu. Ürkütücüydü. Odadan çıkınca bahçe kapısından içeri girip ben de takvime baktım."

Belinda kaşlarını kaldırdı. "İyi cesaret. Peki ne vardı?"

Tracy bir soluk aldı. "Babasının randevularına bakıyordu. Defterde Holly'nin adıyla telefon numarası, okulumuz, her şey kocaman harflerle yazılıydı. Justin gördü. Holly'nin kim olduğunu biliyor!"

Belinda başını salladı. Bu ciddî bir şeydi. "Peki şimdi nerede?"

"Kim bilir? Bir yerlerde gizli işler çeviriyordur."

"En iyisi Holly'yi buradan çıkaralım." dedi Belinda. "Justin kötü bir şey yapmaya çalışabilir."

"Justin'ın, Holly'yi durduracağını mı düşünüyorsun?"

"Ben olsam düşünürdüm. Sen düşünmez miydin? Anladığıma göre, adamın bütün hayatı karmakarışık." Simon'dan duyduklarını çabucak Tracy'ye anlattı. "Araba kazasının kurcalanması hiç istemeyeceği bir şey."

"Ne yapacağını düşünüyorsun?"

Belinda başını salladı. Ama Tracy'nin hayal gücü de onunki kadar canlıydı. "Evet." dedi. "Buradan gitsek iyi olacak."

Evin ön tarafına gitmeye karar verdiler. Kapıyı çalıp Holly'nin nerede olduğunu soracaklardı.

Kapıyı gülümseyerek Rachel açtı. "Merhaba, kızlar." dedi. "Holly'yi mi kaybettiniz?"

Başlarını salladılar.

"Sizin Holly Adams çok dikkatli bir genç kız. Çok etkilendim!"

Kızlar yeniden başlarını salladılar. "Nerede o?"

"Böyle büyük bir evi daha iyi tanımak istedi. Kâhya Bayan Clarke'la görüşüyor."

"Ah, hayır!" Kızlar içlerinden inlediler. Bu ne kadar sürecekti?

Döndükleri her köşede, gördükleri her gölgede gizlenirlerken Justin Mason'ın uzun, ince gölgesini hissediyorlardı.

7 *Gizli ilişki*

Bayan Clarke'ın evin en üst katında bir dairesi vardı. Açık mavi duvar kâğıtları ve meyilli tavanlarıyla sevimli ve hoş bir yerdi. Bayan Clarke dost canlısı bir kadındı ve röportaja yardımcı olmak istiyordu. Ama üzerinde konuşmayacağı bazı şeyler vardı. "Bay Mason hakkında özel ayrıntılar ve bunun gibi şeyler. Özel konuları konuşmak istemem." Hikâyelerini gazetelere binlerce pounda satan kadınların yarattığı rezaletleri anımsattı. Onun kendine daha fazla saygısı vardı.

"Tabi!" Holly gülümsedi. "Böyle bir şey yapmanızı beklemiyorum. Doğru olmaz!" Kulüp defterini çıkarıp profesyonelce baktı.

"Ama anlatabileceğim şeyler yok değil." dedi kâhya kadın bir koltuğa yerleşirken. "Daha önce benimle hiç röportaj yapılmadı. Sanırım, çok hoşuma gidecek!" diye ekledi şakacı bir ifadeyle.

"Bay Mason gibi başarılı bir adam eğlenceye ne kadar zaman ayırıyor?" diye sordu Holly canlı bir sesle. Bayan Clarke'ın kabuğu zor kırılacak biri olmadığı hissini duyuyordu.

"Çok. Haftada iki kez yemekte konukları olur. On iki kişiye kadar yemekli toplantılar yapar. Bütün yemekleri ben hazırlarım. Önce Bayan Stone gelip benimle yemek listesini konuşur, sonra her şeyi düzenlemek bana aittir; yemekleri pişirme, fazladan adam tutma gibi."

"Zor iş olmalı." dedi Holly anlayışla.

"Ah, evet, ama Bay Mason her zaman özel olarak teşekkür eder. Yaşlı Bay Mason demek istiyorum." Bayan Clarke önce bacak bacak üstüne atıp sonra bacağını indirdi. Başını sallarken, Holly onun Mason'lara bağlı kalmak için kendi kendisiyle yaptığı küçük savaşı yitirdiğini anladı. Soru sormasına bile gerek kalmadığını fark etti; Bayan Clarke güzel bir dedikoduya hazırdı.

Holly gülümseyerek başını salladıktan sonra yazmaya başladı.

"Genç Bay Mason öyle değil. Onun için ne yapsan, ondan hakaret ve emir duyarsın. Teşekkür sözünü hiç bilmez."

Bayan Clarke birden vicdan azabına kapıldı. "Yakındığım Bay Mason değil, anlıyorsun, değil mi? Maaşımı ödüyor ve iyi bir patron. Ama oğlu çekilmez." Permalı başını salladı. "Ama ihtiyar bunu hak etmiyor. Bir raftan ya da kitaplıktan bir şey kaybolduğu zaman bunu Bayan Stone'a hep söylüyorum. Buna izin verilmemeli." Bayan Clarke öne doğru eğildi. "Kimin aldığını ikimiz de biliyoruz. Aldıklarını kendilerine antikacı diyen o arkadaşlarından birine satıyor. Ben onlara hırsız diyorum! Justin onları Bay Mason burada yokken çağırıyor. Oturup saatlerce içiyorlar. Bayan Stone'a söylüyorum; yaşlı adam bunu hak etmiyor!" Yüzü öfkeden kıpkırmızı oldu.

"Bayan Stone ne diyor?"

"Ne yapabiliriz diyor. Bay Mason giden şeylerin farkında. Geçen sefer eski bir kurşun tabaktı. Holün sonundaki şöminenin üstündeki o antika tabaklardan biri. Bay Mason oğlunun neler çevirdiğini biliyor. Ama hiçbir şey yapmıyor; anlayamadığım bu. Eğer Simon olsaydı..." Soluk almak için bir an sustu. "Bayan Stone ihtiyarı üzmek istemiyor. Onu çok sever!" Kaşlarını kaldırdı. "*Çok* sever!"

Holly'nin aklında başka bir şey şekillenmeye başladı. "Demek istediğiniz..."

"Bir şey demek istemiyorum! Yalnızca, Bayan Stone'un Bay Mason'ı çok sevdiğini söylüyorum." Bayan Clarke dudaklarını sıktı. "Ben de Bayan Stone'u çok severim. Bir şey demek istemiyorum!"

"Yani..." Holly şaşkınlık içindeydi.

"Her zaman eleştiren, sövüp sayan o iğrenç Justin'a başka kimse katlanmazdı demek istiyorum. İhtiyarı o kadar sevmeyen hiç kimse!"

"Ama o, onun sekreteri!" dedi Holly. *Onun yarı yaşında,* diye düşündü.

"Sekreter, sadık yardımcı, bugünlerde her ne deniyorsa. Ona tahmin edemeyeceğin kadar iyi bakıyor. Ona tapıyor!" Bayan Clarke bilmiş bir ifadeyle başını salladı. "Güzel bir kız, ona karşı bir şey söylemiyorum! Hem kim onu ayıplayabilir? Bay Mason onca yıldır yalnız. Yeniden evlenmesinin zamanı geldi."

"Evet, ama..." Holly anlatılanlardan bir anlam çıkarmakta zorlanıyordu. Bayan Clarke, Bay Mason'la Rachel arasında gizli bir aşk olduğunu ima ediyordu!

"Çirkin ya da ucuz bir şey değil." dedi Bayan Clarke. "O çok iyi bir kız!"

"Ama nereden biliyorsunuz?" Holly kanıt istiyordu.

"Ah!" Bayan Clarke arkasına yaslandı, sonra yeniden öne eğildi ve derin bir soluk daha aldı.

"Holly!" Tracy koridordan sesleniyordu. Sesi endişeliydi.

Bayan Clarke kurşun yemiş gibi sıçradı.

"Bir şey değil, benim arkadaşım." dedi Holly. Ama hava dağılmıştı bile. Rachel kapıya vurup içeri girdi. Tracy ile Belinda arkasındaydı. Bayan Clarke, Holly'ye uyarıcı bir bakış attıktan sonra onları karşılamak için ayağa kalktı.

"Tracy ile Belinda senin zamanı unuttuğundan korktular." Rachel gülümseyerek içeri girdi. "Margaret (Margret)'e, elektrik süpürgesi tamircisinin gelmek üzere olduğunu hatırlatmak istedim. Evet." Holly'ye baktı. "Bilmek istediğin her şeyi öğrendin mi?"

"E... evet, teşekkürler." Holly yüzünün kızardığını hissetti. Kâhya kadına bakmaya cesaret edemiyordu.

"İşte, tamirci geliyor." dedi Rachel pencereden bakarak. "Margaret'le ikimiz onu karşılamak için aşağı inersek, kusura bakar mısınız? Uzun sürmez." Her zamanki gibi canlı hareketlerle odadan çıkarken Bayan Clarke da peşinden gitti.

Macera Kulübü üyeleri tavan arasındaki dairede yalnız kaldılar. Holly sırtını bir duvara dayadı. "İnanamıyorum!"

"Neye?"

"Neye inanmıyorsun?"

"*Şşş!*" Holly o inanılmaz haberi düşünde mi gördüğünü merak ederek kendini çimdikledi. "Rachel'in Bay Mason'la ilişkisi varmış!"

Belinda'nın soluğu tutuldu.

"Yaa!" diye bağırdı Tracy. "Demek evlenecekler. Sonra birçok çocukları olacak ve Justin avucunu yalayacak." Hayal gücü hızla çalışırken kollarını açtı.

"*Şşş!*" dedi Holly yeniden. Merdivenden gelen ayak sesini duyuyordu.

"Buna inanmıyorum." dedi Belinda. "Yaşlı adamın bunu yapacağına inanmıyorum. Gizli bir ilişkisi olamaz." Adamın dürüstlüğünü, çalışmaya olan inancını anımsadı. "Onun yapacağı şey değil."

"Belinda!" diye fısıldadı Tracy. "Pekâlâ yapabilir. Bugünlerde herkes yapıyor. Bütün yaşlı milyonerler karılarını genç bir mankenle değiştiriyor, hem Bay Mason'ın değiştirecek yaşlı karısı da yok!"

Belinda hâlâ başını sallıyordu. "Bu yaşlı milyoner yapmaz!"

"Şşş, ikiniz de susun!" Holly sesleri dinlemeye çalışıyordu. "Rachel'in ayak sesleri değil!" Ağır ve dikkatli adımlardı.

Son basamakta ayak sesleri durdu. Holly, Belinda ile Tracy' ye baktı. "Gidelim. Hadi, buradan gitmek zorundayız!"

Kâhyanın odasından çıkıp koridordaki ayak seslerinden uzağa kaçtılar. Sonra dönüp baktıklarında Justin Mason'ın Bayan Clarke'ın kapısında durduğunu gördüler. Merdiven sahanlığına doğru giden kızları seyrediyordu.

Kızlar korkudan yürekleri hızla çarparak koşmaya başladılar. İki kat merdiveni atlayarak inip arka mutfağa gittiler. "Buradan!" dedi Holly giriş holünü ahşap kirişlerinden tanıyarak. Bayraklı kapının karşısındaki eski şöminenin önünden koşarak geçtiler.

Ama yine de Justin Mason onlardan önce dışarı çıkmıştı. İki yanında Danua köpekleriyle, kızların yolunda duruyordu. Simsiyah giyinmişti ve güneşin altında bacakları açık, sinsice gülerek duruyordu. Sonra köpeklere fırlamalarını emretti. Kocaman, ağır yaratıklar öfkeli ve boğuk hırıltılarla atıldılar. Holly, Belinda ve Tracy bahçeye dağılıp çiçek tarhlarının üzerinden atlayarak kaçmaya başladılar. Duvarı tırmanırlarken bacaklarında köpeklerin sıcak soluklarını duyuyorlardı. Duvarın tepesinden aşağı atlarlarken Justin'ın vahşî kahkahası patladı.

8 Basit bir hata

"Tamam, nedeni öğrendik!" dedi Holly. Belinda'nın evinin arka tarafında, Meltdown'un sessiz ve sakin ahırına sığınmışlardı. Köpekler onları konağın duvarları dışına çıkıp izlememişti, ama hâlâ titrediklerini hissediyorlardı. "Çok iyi ve daha önce hiç tahmin etmediğimiz bir neden!"

"Parasız." dedi Belinda.

"Annem olsa, nakit akışı sorunu var derdi!" dedi Holly.

"Aynı zamanda kişilik sorunu var!" diye söze karıştı Tracy. Justin'ın zalim kahkahasını hatırlayarak ürperdi.

"Sahte araba kazası da sorunlarını çözmedi." Belinda dalgın bir ifadeyle Meltdown'a bir avuç saman verdi. "Sigortadan gelecek bütün para parçalanan arabanın yerine yenisini almak için kullanılacak."

"Zavallı adam!" diyerek alay etti Tracy.

"Tabi, bir şekilde daha ucuza almayı başaramazsa..." dedi Holly yüksek sesle düşünerek.

Diğerleri başlarını salladılar. "Nasıl?"

Holly omuzlarını kaldırdı. "Peki, elimizde başka ne var?"

"Çürüklerimiz!" diye yakındı Belinda. Duvara tırmanırken, bacaklarını çarpmıştı.

"Ve bir *erkek arkadaş*," dedi Tracy numaradan baygınlık geçirir gibi yaparak. "Belinda'ya sırılsıklam âşık bir seyis!" Olanları Holly'ye anlattı. "Dahası, yarın akşam patinaj sahasında buluşacaklar!" Kirpiklerini kırpıştırarak iç çekti.

Belinda bir saman sapıyla ona vurdu. "Kim demiş onunla buluşacağımı?" Gözü kara bir anında Simon'a evet demişti.

"Dinleyin." dedi Holly. "Bunları yazsak iyi olacak." Kırmızı kulüp defterini çıkarıp notlar almaya başladı. "Aşktan söz etmişken, Rachel ile Bay Mason arasındaki ilişkiye ne demeli?"

Arkadaşları düşünmeye başladılar. "Bence var." dedi Tracy. "Çünkü Bayan Clarke'ın güvenilir bir tip olduğunu söylüyorsun. Evet, çok konuştuğu kesin, ama bildiğimiz kadarıyla gerçeği söylüyor. Konakta olanları yakından görüp biliyor."

"Ama Bay Mason yaşlı!" diye karşı çıktı Belinda.

"Çok zengin!" diye anımsattı Tracy. "Neyse, kesin olan bir şey var; Justin sorunlarla karşılaşınca çok zalimleşiyor ve biz de onun için bir sorunuz. Üstelik, şu anda listenin en başında olduğumuza bahse girerim."

"Dikkatli olmak zorundayız." dedi Holly.

Bir süre sessizleştiler; Holly'nin kaleminin sayfada çıkardığı sesle Meltdown'un hafif eşinmelerinden çıkan sesleri dinlediler.

"Saat kaç?" diye sordu Holly birden. "Öğlen oldu mu?"

Belinda başını salladı. "Biri biraz geçiyor."

"Anneme, inşaatçının adamı geldiği zaman evde olacağıma söz verdim." dedi Holly telâşla. "Taş getirecek. Gitmeliyim!" Ahırdan fırlayıp bisikletini aldı. "Akşam size telefon ederim." diye seslendikten sonra gitti.

Belinda ile Tracy uçarak uzaklaşan Holly'nin arkasından baktılar.

Holly eve tam zamanında vardı. İnşaatçılara, kamyonu beklemek için saat bir buçukta evde olacağı notunu bırakmıştı. Eve doğru hızla yaklaşırken kamyonun kapıda olduğunu gördü. Sürücü inmiş, boş bahçeye bakıyordu. Holly soluk soluğa yaklaştı.

"Geç kaldığım için özür dilerim." dedi. Bisikletini bırakıp sürücünün yanına gitti.

"Adams?" dedi adam elindeki faturaya bakarak.

"Evet." Holly başını salladı.

"Annen evde mi?"

"Hayır, ama gerek yok. Ben biliyorum. Yapılacak ilâve için taş, değil mi? Şuraya dökülmesini istiyoruz." Kamyonun geçmesi için bahçe kapısını açtıktan sonra garajın yan tarafındaki boşluğu işaret etti.

"Sen kızı mısın?" diye sordu adam. Holly'ye bakmadan konuşmasından, niyetinin gevezelik etmek değil, işini söylendiği gibi yapmak olduğu belliydi. Tıknaz, saçları dökük bir adamdı. Siyah tişörtünün üstünde kuru kafa deseni vardı. Holly onun öyle bir heavy metal tişörtü giymek için fazla yaşlı olduğunu düşündü. Ayrıca adamın tıraşa ihtiyacı vardı. Sağ kolunda solmuş bir dövme vardı.

"Evet, ben Holly Adams. Annem ne yapılacağını anlattı; her şey tamam!" Büyüklerin ona öyle davranmasından hoşlanmıyordu. Ayrıca, küçük bir çocuk değildi.

"Evde başka kimse yok mu?" Adam etrafa, evin pencerelerine, sokağa bakıyordu.

Holly, diğer çalışanlara ait arabaların hepsinin gitmiş olduğunu fark etti. "Herkes yemeğe gitmiş, sanırım. Ne yapılacağını ben biliyorum!" Sıkılmaya başlamıştı. Eve boşuna dönmüş olmadığını umuyordu.

Adam yavaşça başını salladı.

"İsterseniz annemi işten arayabilirim, ona sorarsınız." diye alay etti Holly.

Adam geriye doğru giderken başını sallayarak Holly'ye kısa bir bakış attı. "Sorun değil." dedi ve kamyona atladı. "Devam edelim."

Kamyon kapıların arasından geçerken Holly yavaşça ve dikkatle elini sallayarak yol gösteriyordu. Sürücü dışarıya eğilerek garajın kapısına doğru yöneldi. "Orada dur. Elinle yol göstermeye devam et." dedi Holly'ye. "Buradan iyi göremiyorum!"

Holly sabırsızca başını salladı. Garajın beyaz kapısının önünde durup el sallayarak bağırmaya başladı. "İleri, biraz daha, evet, devam et!" Kamyon geri geri ona doğru geldi. "Dur!" diye bağırdı, adamın dikkatini çekmek için elini kaldırarak.

Ama sürücü durmadı. Dev gibi tekerlekler hızlanırken kamyonun motor gürültüsü Holly'nin sesini boğuyordu. Taşlar sallanarak kamyonun arka kapağına doğru kaydı.

"Dur!" Holly bir çığlık atarak garajın kapısına yapıştı. Kamyon gelmeye devam ederken egzoz gazı Holly'yi boğuyordu. Motor gürültüsü arasında, "Dur, *dur!*" diye bağırdı.

Bir an düşünecek zamanı oldu. Ama üzerine gelen dev gibi araç karşısında donmuş, felce uğramış gibiydi. Garaj kapısının titrediğini hissetti. Her yanına sıcak egzoz püskürüyordu. Birkaç saniye içinde ezilerek ölecekti. Dehşet içinde gözlerini yumdu.

Birden, garaj kapısı bir mucize gibi yavaşça kalkmaya başladı. Biri bağırıyordu. "Buraya, Holly! Çabuk, buraya!"

Bu Jamie'ydi. Kapıyı kaldırıp Holly'nin bacaklarını tuttu. Holly eğilip açılan aralıktan yuvarlanarak garajın karanlığına girdi. Kamyonun yarı açık kapıya çarparken çıkardığı sesi ve sonra gıcırdayarak durduğunu duydu.

Sonra Jamie yeniden bağırmaya başladı. Koşarak bahçeye çıktı. "Hey, dur!" Ama motor yeniden çalışmaya başlamıştı ve kamyon ilerlerken, sürücü Jamie'nin bağırışlarına aldırmıyordu.

Aksine, kocaman araçla birinci viteste bahçeyi geçti. Bir anda kapıdan çıkıp deli gibi gitmeye başladı. Sanki bir vur-kaç yapmıştı. Yarı dolu kamyon sokağa çıkınca, tozlar kaldırarak ve kenarlardaki otları ezerek uzaklaşıp gözden kayboldu.

Holly, yerde top gibi büzülüp titremesinin geçmesini bekledi.

"Uyan!" Jamie koşarak geri gelip Holly'nin yanına çömeldi. "Holly, uyan!"

"Bir şeyi yok, bak, soluk alıyor!" Bir başka ses, bir başka yüz daha vardı. Holly tozun çekildiğini, içeriye gün ışığının girdiğini hissetti. Yerdeki yağ kokusunu duyuyordu. Gözlerini açarken, Jamie ile arkadaşı Richard (Richırt)'ın üzerine eğildiklerini gördü.

Holly, kardeşini gördüğü için hiç bu kadar mutlu olmamıştı. Jamie ara sıra bir işe yarıyordu!

"Bilerek yaptı!" deyip duruyordu Richard. Mutfağa gelmişlerdi ve Holly yüzüyle ellerine bulaşan yağları temizliyordu. "Onu pencereden gördüm. Bilerek yaptı!"

Jamie, Holly'ye bakarak başını salladı. "Sen ona dur dediğin anda gaza bastı!"

Holly başını salladı. Şoktan konuşamıyordu. Sonunda, yanağındaki son izleri de temizlerken konuşabildi. "Belki beni duymamıştır." İnanmak istediği buydu.

Çocuklar seslerini yükselttiler. "Hayır, bilerek yaptı!" dedi Richard. Hayallerle uçmayan ciddî bir çocuktu. "Doğru söylüyorum!"

"Sarhoştu, o zaman." dedi Holly. Ama adamın faturadaki ayrıntıları nasıl kontrol ettiğini ve kâğıdı tutan elinin titremediğini hatırlayabiliyordu. "Hayır." dedi.

"Polise telefon edelim!" Jamie telefonu kaldırdı. "Seni ezmeye çalıştı!"

"Hayır." dedi Holly onu durdurmak için. "Düşünmeliyiz. Bunu neden yapmak istesin?"

Heyecandan gözleri irileşmiş çocuklar bir neden gösteremediler. Holly'nin daha önce görmediği bir adam onu kamyonla neden ezmek istesindi? Delilikti bu. Çok korkutucuydu ve delilikti.

"Durun biraz, onu daha önce gördüm." dedi Jamie yıldırım çarpmış gibi. "Üstündeki kuru kafalı o tişörtü nerede gördüğümü hatırlıyorum!"

"Nerede, Jamie?" dedi Holly. "Onu nerede gördün?"

"Bu sabah. Kasabada. Richard'la eve gelmeden önce. Crown'ın karşısından balıkla patates aldık."

"Hayır, o değildi." diye söze karıştı Richard. "Balıkçı çok daha yaşlıydı..."

"O değil, aptal! Dükkânın dışındaki adamdan söz ediyorum. Tişörtünün önünde kuru kafa vardı. Onun için hatırlıyorum."

"Ne yapıyordu?" diye sordu Holly. Kardeşi doğru söylediği zaman anlardı. "Devam et, Jamie anlat!"

Jamie soluklandı. "Düşünelim. Orada durmuş, biriyle konuşuyordu; yüksek sesle tartışıyorlardı."

"Kim? Kamyon sürücüsüyle başka biri mi? Diğer kişi nasıl biriydi?"

"Uzun boyluydu. Siyah saçlıydı. Sanırım, kıyafeti de siyahtı. Evet, kesinlikle."

Holly'nin yüreği tanıdık bir takla attı. Televizyonun yanından önceki günün gazetesini alıp Jamie'ye arabanın ve altındaki sürücünün resimlerini gösterdi. "O mu? O muydu?" Parmağını gazeteye bastırdı.

"O!" diye bağırdı Jamie. Adı okudu: "Justin Mason!"

Holly, başını kukla gibi sallayarak oturdu. Bunun doğru olduğunu çok iyi biliyordu. Justin Mason plânlamıştı. Nasıl plânladığını, kamyon sürücüsünün kim olduğunu ya da ona kaç para verdiğini Tanrı bilirdi. Ama gerçek beynini oyuyordu.

"Hey!" diye bir erkek sesi geldi arkasından.

Sinirleri hâlâ laçka olan Holly korkuyla sıçradı.

Öğle yemeğinden dönen inşaatçıydı gelen.

"Taşlar henüz gelmedi mi?" diye sordu.

Holly ile çocuklar ona aptal aptal bakıyorlardı.

"En iyisi depoya telefon edeyim." dedi adam.

Adamın holdeki telefonu açıp konuştuğunu duydular. "Ismarladığım taşlar ne oldu? Peki, çok çabuk gönderin. Taşlar olmadan bir iş yapamıyoruz." Bir an sustuktan sonra sesini yeniden yükseltti. "Aptallaşmayın, sizin kamyon henüz gelmedi! Gelmiş olsa telefon etmezdim, değil mi?"

Adamın telefonu hızla kapadığını duydular. Ardından bir kamyon sesi gelince, adamın peşinden dışarı çıktılar. Bir kamyon yükünü dökmek için geriye doğru yanaşırken dördü bahçede durup baktılar. Holly yeniden titremeye başladığını hissediyordu, ama bu kez kamyondan başka bir adam atladı.

"Neden geciktin?" diye sordu inşaatçı. "Şimdi patronuna telefon ettim!"

Sarışın genç sürücü gömleğinin yakasını kıvırdıktan sonra omuzlarını kaldırdı. "İnsanı susatan bir iş." dedi. "Çabucak bir şey içmek için Crown (Krovn)'da durdum. Düşük alkollü!"

İnşaatçı bilmiş bir ifadeyle başını salladı.

"Sonra içeri bir arkadaşım girdi. Bir bira parasına yükü benim yerime götürebileceğini söyledi. Bedava atın dişine bakılmaz. Olur, dedim. Ama yarım saat sonra işi yapmadan döndü. Evi bulduğunu, ama kimseler olmadığı için garaj kapısına çarptığını söyledi. Paniğe kapılıp yükü boşaltmadan doğruca garaja gitmiş!"

İki adam gidip garaj kapısındaki hasara baktıktan sonra tamir parasını kimin ödeyeceğini tartışmaya başladılar.

Holly bir an yeniden düşündü. Evet, basit bir hata ve anî bir panikten başka bir şey değildi. Adam arkadaşına bir iyilik yapmak isterken yüzüne gözüne bulaştırmıştı.

Ama Jamie ile Richard'ın başlarını salladıklarını gördü. Sürücüyü Justin Mason'la konuşurken görmüşlerdi. Ve Holly adamın üstündeki kuru kafalı tişörtü, kamyonu geri geri getirmeye başladığında yüzündeki mekanik ifadeyi hatırladı. Üzerine gelen kamyonun motorundan çıkan kararlı sesi de hatırlıyordu.

Olay plânlanmıştı. Kasıtlıydı. Bunu yapmasını sürücüye Justin Mason söylemişti. Justin Mason onu öldürmeye çalışmıştı!

9. Zor kaçış

"Garaj kapısına ne oldu?" diye sordu Bay Adams ertesi sabah. Önceki akşam eve geldiğinde hava karanlıktı.

"Bir kamyon çarptı." Holly normal bir sesle konuşuyordu. Kahvaltısını yapan Jamie'ye uyarıcı bir bakış attı.

Durumu gizlemenin daha iyi olacağını biliyordu. Bir kere, annesiyle babası ona inanmayabilirlerdi. İkincisi, inansalar bile, bir daha tek başına bir yere gitmesine izin vermeyebilirlerdi.

Bayan Adams işe gitmek için her zamanki gibi hazırlanmış olarak aşağı indi. "Önemli bir şey yok, hâlledeceklerini söylediler." dedi kocasına. "Çok özür dilediler."

"Kim ödeyecek?"

"İnşaatçıların şoförü. Kapıyı tamir edecek birini tanıyormuş. Çok hoş bir adam."

"Tamam o zaman." Bay Adams gazetenin arkasında kayboldu.

"...Bir cinayet teşebbüsü böylece örtbas edildi!" dedi Holly, daha sonra Tracy ile Belinda'ya olayı anlatırken. Simon'la buluşmak için patinaj sahasına gidiyorlardı.

"Ve esrar derinleşiyor!" dedi Belinda. Kasabada, karşıya geçmek için yeşil ışığı bekliyorlardı. "Kim bu katil ruhlu sürücü? Nereden çıktı?"

"Justin Mason'ın ahlâksız arkadaşlarından biridir! Simon'ın annesine göre, kötü bir çevresi varmış." diye anımsattı Holly. "Kamyon şoförü onlardan biri olabilir."

"Of!" dedi Belinda, Simon'ın sözü edilince. Sonunda yeşil ışık yandı. Birlikte karşıya geçerlerken Belinda topallamaya başladı. "Sanırım, bileğimi burktum!" dedi inleyerek. Birden neşelendi. "Buz patenine gidemeyeceğim!" Sekerek karşıya geçti. "Simon'a gelemeyeceğimi söyleyin!"

"İmkânsız!" Tracy onu kaldırıma çekti. "Hadi, yoksa geç kalacağız." Kurt'le otobüs durağında buluşacaklardı.

"Dinleyin!" Birkaç dakika sonra otobüsün üst katında kasaba dışına çıkarlarken Belinda'nın paniği artmaya başladı. Holly'ye dönerek "Doğru bir iş mi yapıyoruz? Demek istediğim, dün sana yapmaya çalıştıklarından sonra dışarı çıkman doğru mu? Eve dönüp televizyon filân seyrederek sakin bir gece geçirebiliriz."

Holly başını salladı. Belinda olabilecek tehlikeler bakımından haklıydı, ama nedenleri yanlıştı. "Hayır, buz patenine gidiyoruz!" dedi. "Simon insanı yemez, biliyorsun!"

"Yemeyeceğini biliyorum." Belinda kasaba dışında inecekleri durağa gelinceye kadar sessizce otururken pek dertli görünüyordu. Otobüsten inerken patinaj sahası görünüyordu. "Ben kayamıyorum bile!" diye yakındı.

Diğerleri ona aldırmadılar.

Patinaj sahası neon ışıklarıyla, hava kararırken ana caddeden çok hoş bir parlaklık içinde görünüyordu. Girişte bir çocuk kalabalığı vardı.

"Bekleyin!" diye uyardı Kurt. Trafik yoğun ve hızlıydı.

Tam o sırada, siyah bir araba hızla geçti. Holly hemen kaldırıma fırlayıp panik içinde Belinda'yı tuttu. "Oydu!" dedi soluk soluğa.

"Kim?"

"Justin Mason!" Araba virajda kırmızı arka lâmbaları kırpışarak gözden kayboldu.

"Emin misin?"

"Evet, yeni arabasındaydı. Onu gördüm, kız arkadaşıyla beraberdi."

"O seni gördü mü?"

Holly başını salladı. "Sanırım. Ama, dinle, onlarla birlikte biri daha vardı, arkada oturuyordu."

"Tamam, hadi geçelim." dedi Tracy. Holly ile Belinda'nın neden heyecanlandıklarını hâlâ bilmiyordu. "Hadi, ne bekliyorsunuz?"

Ancak patinaj sahasının salonuna girip kalabalığın arasına karıştıkları zaman Holly, Belinda ile Tracy'yi bir kenara çekti. "Manyak kamyon sürücüsünü gördüm!" dedi. "Arka koltukta oturuyordu. Gece kulübü fedaileri gibi simsiyah giyinmişti. Ama oydu!"

"Bir araştıralım." Tracy geniş metal merdivene çıkan basamaklarda Simon'ın heyecanla beklediğini gördü. Anlaşılan, Belinda gibi onun da tek kıyafeti vardı; yine kot pantolonla açık mavi gömlek giymişti ve bu yüzden tanınması kolaydı. "Seninki karşıda!" diye fısıldadı Tracy, Belinda geriye doğru çekilirken.

"Merhaba!" diye seslendi Tracy. Belinda terli ellerine bakıyordu.

"Merhaba, Simon. Simon, bu Kurt. Kurt, bu da Simon." Tracy tanıştırmayı çabucak yaptı. "Dinle, Simon, Justin Mason yeni arabasını aldı mı?" Kolunu Simon'ın koluna koyup onu buz sahasına doğru götürdü.

"Dur." Simon dönüp Belinda'ya baktı.

"Değiştirdi mi?" diye üsteledi Tracy.

"Evet, bugün. Dinle, sana çıkma teklif etmedim, değil mi?" dedi Simon.

Tracy ona aldırmadan diğerlerine seslendi. "Değiştirmiş. Justin arabasını bugün almış!"

Paten almak için kuyruğa girdiler. "Çabuk oldu, değil mi?" diye sordu Holly. "Arabayı kim getirdi?"

"Bilmiyorum. Adamın biri. Öğleden sonra eve getirdi." Simon kuyrukta yavaş yavaş Belinda'ya yanaşıyordu. "Justin'ın bir arkadaşı her hâlde."

"Esmer tenli, seyrek saçlı, sağ kolunda bir dövme var, değil mi?" Holly yanıtı beklerken yüreği hızla çarpıyordu.

"Ona benziyor." dedi Simon. Belinda'ya acemice gülümsedi. "Justin'ın yeni arabasına bu ilgi niye?"

"Onu geçerken gördük de..." dedi Belinda.

Çok geçmeden her biri birer paten alıp kocaman buz sahasına gittiler.

Tracy ile Kurt patenlerini giyip profesyoneller gibi kaymaya başladılar. Holly onları izledi. Belli bir ritm ve hıza girdikten sonra düşünmeye başladı. Justin'ın uğursuz arkadaşı... manyak kamyon sürücüsü, araba satıcısı, gece kulübü fedaisi neredeydi? Tuhaftı, ama kendini çelik tabanlı kayakların üstünde hiç olmadığı kadar güvende hissediyordu. Çünkü kalabalığın arasındaydı.

Bu sırada Belinda korkusundan kenardaki korkuluğa sıkıca tutunuyordu.

"Hiç... hiç buz patenine gelmemiştim!" diye itiraf etti Simon'a. Kayak yapanlar tek ayak üstünde dönerek ve çeşitli figürler yaparak geçiyorlardı. Küçük çocuklar bile sahanın etrafında hızla kayıyorlardı.

"Kolay." dedi Simon. "Bak." Dikkatle üç dört adım attı. "Hadi!"

Belinda korkuyla birkaç adım attıktan sonra yalpalayarak Simon'ın kollarına düştü. "Özür dilerim!"

"Yapma!" Simon'ın yüzünde kocaman bir gülümseme belirdi. Çok keyifli olduğu belliydi. Belinda'yı yavaşça ayağa kaldırdı. "Yeniden dene."

Belinda yalpalayarak ve Simon'ın üstüne düşerek tam yirmi dakika denedi. Kurt ile Tracy kol kola ve altın madalya sahipleri gibi gelip geçiyorlardı. Holly ise yavaş bir tempoyla ve düşünerek kayıyordu. Belinda soluklanmak için durdu.

Simon ona yardım ediyordu. "İlerletiyorsun." dedi. "Çok kötü!"

"Ne demek istiyorsun?" Belinda birden onunla ne kadar yakın temasta olduklarını fark etti. "Yeter!" dedi. Hemen eğilip emekleyerek sahadan çıktı.

"Yazık." dedi Simon başını sallayarak. Patenlerini çıkarıp kafeteryaya doğru gittiler.

"Hiç değil!" dedi Belinda kararlı bir ifadeyle.

"Ama benim hoşuma gidiyordu!"

"Vah vah." Belinda masada Simon'ın karşısına oturdu. "Neyse, bir işe yaramak istiyorsan, bana patronunun oğlu hakkında her şeyi anlat. Bütün pisliği, hadi!"

"Bu ilgi nedir?"

"Doğal bir merak." dedi Belinda gözleri parlayarak. Eğer Simon'dan daha fazla bilgi alabilirse, sürekli bir erkek arkadaş işkencesine değebilirdi.

"Anlatacak pislik çok." dedi Simon. "Ama ben Justin'ın tarafında değilim, bildiğin gibi!"

"Biliyorum. Devam et! Bugün konakta neler olduğunu anlat." dedi Belinda. "Justin yeni arabasına sevindi mi?"

"Bir mucize!" diye alay etti Simon. "Kaza hiç olmamış gibi. Aynı renk, aynı model ama saatte on bin mil az!"

"Bay Mason memnun mu?" Belinda kafeteryanın camından paten sahasında kayanlara baktı.

"O hâlâ Londra'da."

"Araba bu kadar çabuk nasıl geldi?"

Simon omuzlarını kaldırdı. "Bir arkadaşın arkadaşı. Bilmiyorum. Justin bazen işini yürütmesini bilir." Kaşlarını çattı. "Arkadaşı arabanın anahtarlarını verirken Justin'ın o domuz gibi yüzünü hatırlıyorum, kumarda para kazanmış gibiydi! Bu bile onu daha fazla sevindiremezdi diyebilirim!"

"Sana kötü mü davranıyor?" diye sordu Belinda hem acıyarak, hem de merakla.

"Özellikle bana değil. Ama Rachel'e, Bayan Stone'a kötü davranıyor. Bunu ihtiyar yokken yapar."

"Ne yapıyor?" Belinda çok şaşırmıştı.

"Emirler verir. Para ister. Vermediği zaman çirkinleşir."

"Hayır diyebiliyor, o zaman?"

"Bazen. Ev parasını o idare eder; ücretleri, her şeyi. Düzeni o sağlar."

"Justin ne yapıyor?"

"Onu büroya kilitler. Bağırmaya başlar. Ne bileyim. Duvarlar çok kalın, duyamıyorum." Bir an sustu. "Justin'ı sakinleştirmek için Rachel'in bazen ona kendi parasından verdiğini bilmek beni hasta ediyor!"

"Bugünkü gibi mi?" Belinda aklında, ince yapılı Rachel Stone'un uzun boylu, kötü Justin tarafından bir köşeye sıkıştırıldığını canlandırdı. Kanı öfkeyle kaynamaya başladı.

"Evet, bugün büyük bir kavga oldu." diye devam etti Simon. İkisi de buz üstünde kayanlara baktılar. "Tracy iyi kayıyor." dedi Simon bir an aklı oraya giderek.

"Bu bir övgüye benziyor!" Daha iyi görmek için camın önüne gittiler. "Holly nerede? Onu göremiyorum." dedi Belinda. Bakışlarıyla beyaz blûzlu ve siyah pantolonlu bir kız arıyordu.

"İşte!" dedi Simon işaret ederek. Holly kalabalığın etrafında dönüyordu. Sahanın ortasından kalabalığı yararak ona doğru gelen iki çocuğun farkında değil gibiydi.

"Holly, dikkat et!" diye bağırdı Belinda, camı yumruklayarak. Holly bakmadı. Gençler ona kıskaç hareketiyle yaklaşırlarken, Belinda ile Simon çaresizce duruyorlardı.

Ama Tracy onları gördü. Ok gibi fırladı ve Holly'yi kolundan yakalayarak onların yolundan çıkardı. Başları eğik iki çocuk hedefi kaçırarak, önce boşluğu, sonra birbirlerini buldular. Patenleriyle buzu yararak, omuzları hızla çarpıştı ve sonra başlarını korkuluğa çarptılar. Bu sırada Tracy arkadaşını uzaklaştırıyordu.

"İyi misin?" diye sordu Tracy. Kurt geride kalmış, kendilerini toparlamaya çalışan şaşkın gençleri seyrediyordu. Küçük bir kalabalık toplanırken bir görevli gelip alanı boşalttı. İki delikanlı çatık kaşlarla ve berelenmiş hâlde sahadan çıkıp karanlığa karıştılar.

Holly iyi olduğunu anlatmak için başını salladı. "Ama ucu ucuna atlattım." dedi. "Kimdi o geri zekâlılar?"

Tracy başını salladı. "Bilmiyorum."

"Tracy, sence..." Holly durumu anlıyordu. Yine ucuz atlatmıştı. Bu da kötü bir şans mıydı, yoksa Justin Mason ile arkadaşları yine peşinde miydiler?

"Hayır!" Tracy emin konuşmaya çalışıyordu. "Bir kazaydı!"

Holly soğuk havada dumanlar çıkararak soluğunu verdi. "Sen öyle olmadığını düşünebilirsin..." Justin'ın yine peşinde olduğu ihtimalini göz ardı edemiyordu.

Tracy başka bir şey duymak istemeyerek başını salladı. "Paranoyaya kapılmayalım." Holly'yi sahadan çıkardı.

Belinda ile Simon koşarak onları karşılamaya geldiler. "O iki gorili gördün mü?" dedi Simon. "Hedefleri sendin!"

Üç kız sessizce birbirlerine baktılar. Doğruydu. Justin hâlâ onları korkutmaya çalışıyordu ve bunda başarılıydı.

10 Belâ aramak

"Bana sorarsanız, siz belâ arıyorsunuz!" dedi Simon parkta pedal çevirirlerken. Kurt'ün kriket maçını seyretmeye gidiyorlardı. Pazar günü olduğu için park insanlarla doluydu.

"Sana sormadık!" Tracy önünde havlayan küçük tüylü bir köpeğin etrafından döndü.

Belinda biraz daha kibar bir yol seçti. "Anlamalısın." dedi. "Biz belâ aramıyoruz, belâ bizi buluyor. Daha doğrusu, Holly'yi buluyor."

"Tamam, o zaman." dedi Simon. "Ama neden olayın peşini bırakmıyorsunuz artık? Demek istediğim, istediğinizi kanıtladınız. Justin büyük bir sahtekâr, ama bana bilmediğim bir şey söylemiyorsunuz. Evet, insanların gözünü boyamakta çok iyidir. Evet, arabasını belki bilerek parçaladı. Belki adam tutup Holly'nin üstüne gönderdi. Yapmaz demiyorum. Ama neden artık vazgeçmiyorsunuz?"

Kızlar eski taş köprünün üstünde anîden durdular. Dönüp iri gözlerle Simon'a baktılar.

"Vaz mı geçelim?" dediler bir ağızdan.

"Çünkü olanları henüz çözmedik." dedi Holly sakin bir ifadeyle. "Justin'ın bunu yaptığını bilmiyoruz. Bütün mesele bu."

Kriket alanına doğru yola devam ettiler. Güneş parlıyordu. Derinin tahtada çıkardığı sesler arasında pavyondan çay kokusu geliyordu. Öyle günlerde Willow Dale bir cennete benziyordu.

Tracy bile oyunun çekiciliğinin farkındaydı: düzgün yeşil bir saha, arka plânda mor kırlar ve bembeyaz kıyafetiyle uzun boylu Kurt.

"Merhaba!" diye seslendi Tracy, Kurt'e el sallayarak. Kurt profesyonelce gülümsedikten sonra, avuçlarını açarak kaleye yaklaştı.

Simon, kızların bisikletlerini çite dayamalarını bekledi. Sonra oturup maçı seyretmeye başladılar. Simon hâlâ üsteliyordu. "Ben yalnızca iyiliğiniz için söylüyorum, biliyorsunuz."

"Teşekkürler, ama biz kendimizi koruyabiliriz." Holly çimenlerin üstüne bağdaş kurarken Belinda ona minnetle gülümsedi. Tracy sarı saçlarını savurdu.

"Ama devam etmeniz tehlikeli olur!" diye uyardı Simon. Onlar için gerçekten endişeli görünüyordu.

"Biliyoruz!" dedi kızlar.

"Hayır, bilmiyorsunuz! Justin'ı tanımıyorsunuz!"

Alkış sesleriyle sözleri kesildi. Kurt birini yakalamıştı. Tracy ayağa kalkıp çılgınca alkışladı. Etrafındakiler ona ters ters bakınca Tracy kızararak kendini otların üstüne bıraktı. Kriket maçlarındaki sessizliği hiçbir zaman anlamamıştı.

"Hey!" dedi boylu boyunca uzanırken. "Aklıma bir fikir geldi!" Başını Simon'a çevirdi.

Simon inledi.

"Rachel'den bize yardım etmesini isteyebilirsin."

"Ne?"

"Evet!" dedi Holly ile Belinda onu destekleyerek.

"Hayır! Bunu duyduğuma inanamıyorum!"

"Ah, evet." dedi Belinda tatlı bir dille. "Bu olayda gerçek anahtarın Rachel olduğundan eminim!"

Ama Simon fikrini değiştirmiyordu. "Çok tehlikeli." demekten başka bir şey söylemiyordu. Yalvarışlar işe yaramadı.

Maç, çay molası için durduğunda Simon, Kurt'le konuşmaya gittiği zaman, Macera Kulübü üyeleri bir araya toplandı.

"Haklısın." dedi Holly, Belinda'ya. "Bence, bütün yanıtlar Rachel'de."

"Ama Simon bize yardım etmeyecek." Belinda, Simon'a doğru baktı.

Holly gülümsedi. "İyi niyetinden."

"Âşık!" dedi Tracy alaycı bir ifadeyle iç çekerek. "Seni korumak istiyor. Ne tatlı!"

Belinda ürpererek Tracy'ye kötü bir bakış attı.

"Ben yine de Rachel'in bizim tarafımızda olacağını sanıyorum." dedi Holly.

"Tabi." dedi Tracy. "Justin'ın suçunu ortaya çıkarabilirsek, kazanan o olacak. Justin yoldan çekildikten sonra yaşlı Bay Mason'la evlenmesine engel kalmaz! Onun görüşüne göre, Justin için en uygun yer hapishane."

Belinda da aynı fikirdeydi. "Rachel'in kaybedeceği ne var?"

"Ayrıca, benden hoşlanıyor." dedi Holly gülerek. "Şansımız çok!"

Rachel Stone'un yardım edeceğine kendilerini inandırmak kolaydı. Simon'ın yardımı olsun olmasın, Rachel'e sormak zorundaydılar.

Oturup maçı seyretmeye başladılar. Tracy, Belinda'nın yardımıyla puan durumunu hesaplayacağına söz vermişti. Bir süre maç bütün dikkatlerini çekti. Ancak Holly'nin aklı tamamen Rachel Stone'daydı.

"Tamam, hâllettim." dedi Holly neşeyle. Maç bitiyordu ve güneş tepelere doğru alçalmaya başlamıştı. "Havuzun oradaki telefona gidip konağı aradım. Telefonu Rachel açtı ve bizimle buluşmayı kabul etti!"

"Kabul etti!" diye tekrarladı Belinda şaşkınlıkla. "Çok cesaretlisin, Holly! Ya telefona Justin çıksaydı? Ya Rachel telefonu yüzüne kapayıp Justin'a aynı aptal kızın görüşmek istediğini söyleseydi?"

Holly omuzlarını kaldırdı. "Ama yapmadı."

"Neden görüşmek istediğini söylemedin, değil mi?" dedi Tracy heyecanla. "Örneğin, 'Merhaba, Bayan Stone, erkek arkadaşınızın oğlunun beni öldürmek istediğini sanıyoruz.'"

Holly güldü. "Tabi söylemedim. Beni tanırsın, kurnazımdır."

"Ne dedin, o zaman?"

"Çok özür diledikten sonra, görüşmede tuttuğum notların bir sayfasını kaybettiğimi söyledim ve birkaç şey üzerinde yeniden konuşup konuşamayacağımızı sordum."

"O da kabul etti." dedi Tracy. "Ne sabırlı kadınmış."

Holly başını salladı. "Evet, ama evde buluşamayacağız. Bay Mason'ın Londra'dan her an dönebileceğini ve hafta sonlarını sakin geçirmek istediğini söyledi. Çoğu akşam köpekleri ırmak kenarında gezdiriyormuş, buluşmak için zaman kararlaştırdık."

"Ne zaman?" diye sordu Belinda.

"Bu gece. Yirmi dakika." dedi Holly utanarak.

Yeniden heyecana kapıldılar. Bisikletlerini alıp gitmeye hazırlandılar. Kurt'le Simon onları seyrediyorlardı. Simon başını salladı. "Bu kez gerçekten belâ arıyorsunuz." dedi.

Kurt onu dostça dürttü. "Merak etme." dedi. "Buna alışacaksın. Elinden bir şey gelmez."

"Doğru." dedi Holly.

Üç kız bisikletleriyle taş köprüyü geçip sağa saptıktan sonra gözden kayboldular.

Rachel onları dostça el sallayarak karşıladı. Üstünde kot pantolonla açık mavi bir ceket vardı. Kızlar bisikletlerinden inerlerken, köpekler bile onları neşeyle zıplayarak karşıladılar. Herkes gülümsüyor ve rahat görünüyordu. Ama Holly diğerlerinin de kendisi gibi heyecanlı olduklarını biliyordu.

Onlar yürürken, köpekler ırmağın kenarındaki ormana doğru koştular.

"Demek, notları kaybettin." dedi Rachel.

Holly başını salladı. "Aptallığıma inanamıyorum."

"Olağanüstü bir kız olmaman beni rahatlattı!"

"Şimdilik!" dedi Belinda cıvıltılı bir sesle.

Holly'nin konuşmayı o neşeli havadan korkunç Justin'a nasıl çevireceğini anlamak zordu.

Rachel, Holly'nin kaybettiğini sandığı ayrıntıları tekrarlamaya başladı. Bay Mason'ın faks makinesi sayesinde yedi gazeteyi konaktaki bürosundan nasıl yönettiğini anlattı. "Sana göstermiştim. Hatırlıyor musun?"

Ormanın içine doğru yürüyorlardı. Holly, Tracy ve Belinda'yla göz göze gelerek işaret verdi.

"Dinleyin." dedi Tracy. "Neden biz Belinda'yla köpekleri önümüze alıp biraz koşmuyoruz? Siz ikiniz burada kalıp konuşmanızı bitirebilirsiniz."

"Ah, buna gerek yok." diyerek karşı çıktı Rachel.

"Sorun değil. Ayrıca, Belinda'nın egzersize ihtiyacı var." Tracy gülümsedi. Belinda ona baktı, ama bir şey söylemedi.

"Irmağa dikkat edin!" diye uyardı Rachel. "Kayaların arasında daralıyor. Köpeklerin atlamasına izin vermeyin. Aldatıcıdır. On metre derinliğinde ve içinden hiçbir şey tek parça hâlinde çıkamaz."

Tracy ile Belinda başlarını salladılar. Köpekler sevinçle havlayarak gözden kayboldular.

"Evet?" Rachel gülümseyerek Holly'ye döndü.

"Bak, bunun için gerçekten özür dilerim." diye başladı Holly.

"Dert etme. Yeniden anlatmak benim için sorun değil. Asıl ben senden özür dilemeliyim. Evden gidişinizin geldiğiniz kadar dostça bir havada olmadığını duydum."

"Ah." dedi Holly. "Justin'dan söz ediyorsun?" Şansı dönmüştü. İşte, konu önüne hazır sunuluyordu. "Sana anlattı mı?"

"Tam değil. Köpeklerin havladığını duyunca baktım ve sizin telâşla kaçtığınızı gördüm. Ama size bir şey yapmazlardı."

Holly kuşkuyla bakıyordu. "Köpekleri üzerimize onun gönderdiğini biliyorsun."

Rachel iç çekti. "Justin'ın şaka anlayışı bu. Neyse, çok özür dilerim."

"Benim için iyi bir hafta değildi." dedi Holly. Otlara güneş vuruyor ve gölgeli ırmak boyundaki çalıların keskin kokusu geliyordu. "Dört kez ucu ucuna kurtuldum!"

"Dört kez!" Rachel durdu.

"Önce köpeklerden, bunu biliyorsun." Holly buz patenindeki tuhaf saldırıyı anlatarak devam etti. Ama bir sessiz film sahnesiymiş gibi biraz komikleştirerek anlattı. Rachel huzursuzca gülümsedi. "Sonra kamyon olayı oldu." dedi Holly. "Hayatımı erkek kardeşimle arkadaşı Richard'a borçluyum." Rachel'in gülümsemesi söndü. Sessizce dinliyordu. "Ondan önce infilâk eden araba vardı. Zaten her şey onunla başladı."

Rachel kaşlarını çattı. "İnfilâk eden araba mı?"

"Ama tuhaf olan, Justin'ın de orada olmasıydı!" Holly sözlerinin etkili olması için bir an sustu. "Arabası kaza yaptığı zaman. Ben oradaydım."

"Orada mıydın!" Rachel'in yüzü şoktan yaşlanır gibi olmuştu.

"Tanık oldum. Arabanın kenardan yuvarlandığını gördüm. Justin beni yoldan çıkardıktan hemen sonraydı. Ama araba daha sonra infilâk etti. Bu haftaki zor kaçışlarımın ilki oydu!"

Rachel başını sallayarak Holly'ye baktı. "Justin ölmediği için çok şanslı." dedi.

Holly son atılımı yaptı. "Aslında, ben bunun şansla bir ilgisi olduğunu sanmıyorum!" Bekledi. Rachel önce biraz uzaklaştı, sonra dönüp dinlemeye başladı. "Bence, her şeyi o plânlamıştı, benim orada bulunmam dışında."

"Yapma!" Rachel elini Holly'nin omzuna koydu. "Lütfen devam etme!" Dehşete düşmüş görünüyordu.

"Ama onun plânladığından eminim. Sigortadan para almak istediğini sanıyorum. Ve bunu yaparken başkalarına zarar verip vermemek umurunda değildi."

Rachel kendini bir kez daha kâbustan kurtarmaya çalıştı. "Yapma!" diye tekrarladı. "Doğru bile olsa, lütfen yapma!"

"Neden?" diye sordu Holly.

"Çünkü bu babasına zarar verir! Bay Mason bunu atlatamaz. Onu korumak zorundayım!"

Rachel'in yüzündeki panik karşısında, bu kez şaşırma sırası Holly'deydi. "Ama Justin'ın yaptığı şeyin yanına kâr kalmasını istemezsin!" Rachel neden bu kadar korkuyordu? "Bay Mason'a doğruyu söylemek en iyisi!"

Rachel ellerini yüzüne kapadı. "Anlamıyorsun!"

Holly'nin anladığı bir şey vardı. "Justin'ın bu şekilde devam etmesine izin vermek tehlikeli. Kimin zarar göreceği umurunda değil; ben ya da başkası! Dinle, Rachel, bize yardım etmelisin! Justin'ın durdurulması herkes için daha iyi olacak!"

Rachel'in titreyen parmakları arasından bir çığlık yükseldi. "Hayır!"

"Neden? Yardım edebilirsin. Bizimle polise gelip Justin hakkında bildiğin her şeyi anlatabilirsin!"

"Hayır!"

"Evet! Bizi dinlemezler. Desteğine ihtiyacımız var!"

"Lütfen!" Rachel'in solgun yüzünden gözyaşları süzülüyordu. "Ne istediğini bilmiyorsun! Sözünü ettiğin benim..." Gerisini getirmedi. "Babası ölür! Çıkacak rezalet onu öldürür!"

"Ama bize yardım etmezsen, o beni öldürecek!" dedi Holly çaresizce.

Rachel başını kaldırıp ona baktı. Soğuk ve katı bir kararlılık içindeydi. Ağlamayı kesti. "Onu rahat bırak!" dedi.

"Yapamam!"

"Yapabilirsin. Bu saçmalığı hemen kes. Okul ödevi numarasını da. Hepsi saçma. Konağa yalandan bir bahaneyle geldin. Justin köpekleri üzerinize saldığı için memnunum!"

"Rachel!" Holly, Rachel'in patronuna bağlılığının üstün çıktığını anlıyordu.

Rachel, Holly'nin omzunu sıkarak yüzünü yüzüne yaklaştırdı. "Holly, bu saçma hikâyeleri etrafta anlatmayı kesmelisin, duydun mu? Burnunu her şeye sokmayı ve casusluğu bırak, yoksa polise söyleyeceğim."

"Ciddî olamazsın!" dedi Holly kekeleyerek.

"Olabilirim. Ciddîyim!" Rachel geri çekildi. Etrafına bakındıktan sonra ellerini çırparak köpekleri çağırdı. Köpekler ırmak kıyısından koşarak geldiler. Tracy ile Belinda da arkalarındaydı. Köpekler yanına gelince Rachel, Holly'ye son bir soğuk bakış attıktan sonra gitti.

"Hayır, dedi!" Tracy, Holly'ye bakar bakmaz tahmin etmişti. Kızlar ters yöne, ormanın içine doğru yürüdüler.

"Ne oldu? Uzak durman için uyardı mı?"

Holly başını salladı. "Bizi polise vereceğini söyledi!"

Tracy alçak sesli bir ıslık çaldı. "Tamam, başka bir şey anlatmana gerek yok." dedi.

Irmağın kayalar arasında derinleşip daraldığı yere doğru yürüdüler. Durup köpüklü akıntıya baktılar. Yakında, bir uyarı tabelâsı vardı. "Şeytan Kayası" yazıyordu. "Burada akıntı tehlikelidir. Geçmişte canlar aldı. Lütfen dikkatli yürüyün."

11 Suçlu değil!

"Belinda!" dedi Bayan Hayes telefonda. Genellikle satıcılar ve gaz idaresinden yetkililerle konuştuğu "telefon sesi"yle konuşuyordu.

Kızlar yine huzursuz geçirdikleri bir geceden sonra Meltdown'un ahırındaydılar. Bundan sonra yapacakları hareketi plânlıyorlardı. Ama kulüp defterindeki ipuçlarına ne kadar bakarlarsa baksınlar, açık bir hareket şekillenmiyordu.

"Belinda, burada çok kaba bir adam var." diye devam etti Belinda'nın annesi. "Kim olduğunu bilmiyorum, ama seni görmek istediğini söylüyor."

"Adını sor, tamam mı?" dedi Belinda annesine. Aksiliği üstündeydi. Macera Kulübü tam çıkmaza girmişti ve Rachel'in yardımı olmadan durum oldukça umutsuz görünüyordu.

"Adının Simon Clarke olduğunu söylüyor." dedi Bayan Hayes tuhaf ve çirkin bir şey söylüyormuş gibi. Nefretini ifade etmekte çok başarılıydı. "Gitmeyi reddediyor!"

"Bekle." dedi Belinda. "Gitsem iyi olacak." dedi arkadaşlarına.

"Ahh!" Tracy iç çekti. "Simon! Âşık çocuk uzak duramıyor!"

"Kes!" diye homurdandı Belinda çıkarken.

"Ne *tutku!*" Holly ellerini kalbinin üstüne bastırarak Belinda'yı iyice kıvrandırdı.

Belinda öfkeyle bakarak kapıyı çarptı. Diğer iki kız oturup beklemeye başladılar. Ama biraz sonra duydukları bağırışlar onları ahırdan çıkarıp eve doğru çekti.

"Hepsi sizin aptalca hatanız!" diye bağırıyordu Simon. Belinda ön bahçeye çıktı. "Seninle beyinsiz o iki arkadaşının Sherlock Holmes (Şarlok Holms) oynamanız yüzünden! Ama sizi uyarmadığımı söyleyemezsiniz!"

"Şşş!" Bayan Hayes üstünde beyaz sabahlığıyla, komşuları gözetleyerek kapıya çıktı.

"Ne oluyor?" Holly peşinde Tracy ile Belinda'ya doğru koştu.

"Ne olduğunu ben söyleyeyim!" Simon sakinleşmiyordu. Esmer yüzü koşmaktan ve öfkeden kıpkırmızı olmuştu. "Justin annemi işten attı. olan bu!"

Belinda solgun bir yüzle sessizce duruyor ve her sözcük karşısında biraz daha geriliyordu. Tracy ile Holly şaşkınlık içindeydiler.

"Gelin, gelin ve eğer bana inanmıyorsanız kendiniz görün!" Simon, Belinda'nın kolunu tuttu. "İşini, yaşadığı yeri, her şeyi kaybetti!"

"Neden, ne oldu?" Holly, Belinda ile Simon'ın arasına girmeye çalıştı.

"Annemin işe uygun olmadığını söylüyor!" diye karşılık verdi Simon. "Bunu söyleyince annem onun ağzının payını verdi. Parası az olduğu hâlde annem işinde iyidir. Neyse, işini başına çal dedi ve eşyalarını toplamak için doğruca yukarı çıktı. Justin sonra bana istediği her şeyi yapabileceğini, bunu unutmasam iyi olacağını söyledi."

"Ne anlamda?" Belinda'yı solgun ve sessiz bir hâlde gerilerken görünce girdiği şoktan sonra, Holly'nin aklı yeniden çalışmaya başlamıştı.

"İşe alabileceğini ve kovabileceğini söylüyor. Babası onu durduramazmış. İhtiyarı korkutuyor. Herkesi korkutuyor! Bana gülerek, 'Anneni işten kovdum, kendinize iki tane eski karton kutu bulsan iyi olur, çünkü bundan sonra eviniz o olacak!' dedi. O zaman ona saldırdım. Ama sizin aranıza karıştığım için bütün suçun bende olduğunu söyledi!" Simon susup parmaklarını saçlarından geçirdi. Alnında, Justin'ın vurduğu yerde bir çürük vardı.

Kızlar soluklarını tuttular.

"İğrenç!" diye mırıldandı Tracy.

"'Arkadaşlarına uzak durmalarını söyle, yoksa karışmam.' dedi." Belinda'ya baktı. Hâlâ kolunu tuttuğunu fark ederek bıraktı.

"Bizimle görüştüğünü nereden biliyor?"

"Her şeyi biliyor. Kriket maçında beraber görülmüşüz. Justin'ın arkadaşları karşı tarafta oynuyorlarmış. Burası küçük bir kasaba. Lâf çabuk yayılır." Simon omuzlarını kaldırdı.

"Ama bu gidip anneni işten atmasına neden olamaz!" dedi Belinda. "Adil değil."

"Justin böyledir. Ciddî olduğunu size göstermek istiyor."

"Şşş!" dedi Holly. Bayan Hayes yaklaşıyordu.

"Belinda!"

"Bir şey yok, anne!" Belinda annesini durdurmaya çalıştı, ama boşunaydı.

"Hayır, bir şey var. Bu gürültü için komşular ne düşünecek?"

"Duyamazlar, kilometrelerce uzaktalar! Yine de özür dilerim. Simon bir şeye üzüldüğü için oldu. Annesi işini kaybetmiş."

"Ama bunun seninle ne ilgisi var?" Bayan Hayes hepsine merakla baktıktan sonra içini çekti. "Anlıyorum; her zamanki gizli kapaklı işlerinizden biri. Dinle, canım. Acele edip üstümü değiştirmezsem, tenis dersine geç kalacağım." Simon'a son bir bakış attıktan sonra tatmin olarak Belinda'yı yanağından öptü ve eve doğru yürümeye başladı.

"Özür dilerim." dedi Belinda, ama yetersiz olduğunu biliyordu. "Böyle bir şey olacağını hiç düşünmedim. Ama adil bir şey değil!"

"Seni uyarmaya çalıştım." Simon bağırmayı kesmişti, ama hâlâ suçlayacak birini arıyordu. "İşin içinde Justin olunca en kötüsünü düşünmek zorundasın. Olabilecek en adî oyunlara başvurur. Bundan emin olabilirsiniz."

"Rachel ne diyor?" diye sordu Holly. "Justin'ın anneni kovmasına izin verecek mi?"

"Dinle. Justin doğruca ihtiyara gidip yaptığını anlattı. Ona bazı hesaplar gösterip annemin rakamlarla oynadığını söyledi. İhtiyar ona inanır. Annem şimdi gözyaşları içinde. Rachel büroda."

"Ama ikiniz de evsiz kaldınız!" dedi Tracy.

Holly'nin yüzünde kararlı bir ifade belirdi. "Justin'ın beni ortadan kaldırmaya çalıştığını biliyoruz." dedi. "Şimdi başkalarına saldırmaya başladı!" Bir şey yapmak zorundaydılar ve acele etmeliydiler. "Gelin!" dedi.

"Nereye?" Tracy onun peşinden gidince, Belinda ile Simon da izlediler.

"Karşı koymaya!" Holly pahalı köşkleri geçerek tepeye doğru yürüdü.

"Dinlemez." diye uyardı Simon. "Durumu daha kötüleştireceksiniz."

"Daha kötüsü olamaz." dedi Belinda üzüntüyle. "Annenle başınızı sokacağınız bir dam yok. Ve bu tamamen bizim suçumuz!" Aslan heykellerinin arasından geçip taş döşeli yolda yürümeye başladılar.

"Bu yoldan, öyleyse!" Simon onları evin yanından geçirip ahırların olduğu yere götürdü. Annesi orada eşyalarını turuncu rengi eski bir Fiesta'ya yüklüyordu. Durup bakmadı.

"Gel, Simon, şu büyük kutuya yardım et!" Bayan Clarke bir kutuyu güçlükle kaldırıp arka koltuğa itti. "Tamam, oldu!"

Kapıyı çarparak kapadıktan sonra geri çekildi.

"Çok üzgünüz..." diye başladı Holly.

"Üzülmeyin. Ben değilim." dedi Bayan Clarke sakin bir sesle. Eve bakıyordu. "Severek temizlediğim şu odalara veda etmem için bana bir saniye verin! Belâdan kurtulduk diyelim." Dönüp onlara baktı.

"Ama böyle bir şey olmasını hiç istemezdik." dedi Holly şaşkınlıkla. Simon arkalarında huzursuzca kıpırdanıyordu.

"Dinleyin." dedi Bayan Clarke. "Siz üçünüz bana çok büyük bir iyilik yaptınız. Bu işten kurtulmayı ne çok istediğimi bilemezsiniz, ancak istifamı bir türlü veremiyordum. Cesaretim yoktu. Sonra, Rachel'i düşünüyordum. Onu severim. Sanırım, ihtiyara karşı da her zaman bir zaafım vardı. Ama o Justin!" Yüzünü buruşturdu.

"Ama Simon üzgün olduğunuzu söyledi." dedi Belinda. "İşinizi geri vermesi için Bay Mason'ı ikna etmeye geldik."

Bayan Clarke homurdandı. "Çok iyisiniz ve iyi niyetlisiniz." Hepsine gülümsedi. "Önce üzüldüğümü sandım. Ama ben uzun süre üzülmem, değil mi, Simon? Hayır, bu işten kurtulduğuma seviniyorum!" Elini cebine atıp arabasının anahtarlarını çıkardı. "Kendime yeni bir iş buluncaya kadar kız kardeşim bir iki hafta bizi misafir edecek. Willow Dale'de birçok büyük ev, bakım evleri ve oteller var. Her zaman bir iş bulabilirim!"

Kızlar rahatlayarak kadının arabaya binişini seyrettiler. Bayan Clarke, Simon'a öğleyin teyzesine gelmesini söyledi. "Yeniden teşekkürler!" dedi kızlara ve arabayı ön girişe doğru sürdü.

"Yanlış bir zamanda yanlış yerde bulunduğunuzu hiç düşündünüz mü?" dedi Belinda başıyla terası işaret ederek. Bay Mason onlara doğru geliyordu.

"Ah!" dedi Holly.

Sonra, *ne fark eder,* diye düşündü. *Buradayız ve söyleyecek çok şeyimiz var!*

"Bu işe bir nokta koyacağız." dedi. Kendini zırhlı bir tanka karşı elinde zehirli ok olan bir pigme gibi hissediyordu.

Bay Mason kızları tanıdı, ama selâm vermedi. Simon'ın karşısına geçti. "Çekip gitmen için yarım saatin var." dedi. "O kadar. Anladın mı?" Adamın nasıl milyoner bir gazeteci olduğunu anlamak kolaydı. Kararlarından hiçbir zaman dönmüyor, başka insanların duygularına hiçbir zaman aldırmıyordu.

Simon kızararak yanıt vermeye hazırlandı.

"O suçlu değil!" dedi Belinda. "Bayan Clarke da değil! Yanlış hiçbir şey yapmadılar."

Bay Mason ona bakmadı bile. Duymak istemediği şeyi dinlemiyordu.

"Ama oğlunuz Justin yaptı."

Bay Mason o zaman tepki verdi. Bir an sendeler gibi oldu ama sonra kendini toparladı. Sesi daha da resmî bir tona büründü. "Burada durup saçmalık dinleyecek zamanım yok. Hepinizin evimden gitmenizi istiyorum hemen! Gitmezseniz, polis çağıracağım!"

"Dinleyin!" Holly şanslarının uçup gittiğini anlıyordu. Bir daha hiç fırsat olmayabilirdi. Gökyüzünde kara fırtına bulutları toplanıyordu.

Holly'nin sesindeki ısrarcı ton yaşlı adamın dikkatini çekmişti. "Bu saçmalığa arkamı dönüp gidiyorum!" dedi. Ama bir saniye duraksadı.

"Oğlunuz tehlikeli biri." dedi Holly. "Beni öldürmeye çalışıyor."

Bay Mason bunu duymazlıktan gelemedi. Çakılmış gibi olduğu yerde kaldı.

Kızlar yaşlı adamın çöktüğünü görebiliyorlardı. İçinde bir şey solar gibiydi. Beş saniye daha geçse, "Biliyorum. Söylediğiniz her şey gerçek." diyebilirdi.

Ama büyü bozuldu. İri yağmur damlaları gri taşlara düşmeye başlarken Justin terasta belirip onlara yaklaştı. "Baba." dedi sakin bir sesle. "Sana bir telefon var. Sheffield'den Paul Dixon. Ön sayfayla ilgili bir şeymiş."

Bay Mason, Holly'ye bir kez daha bakarak başını salladıktan sonra gitti.

Yağmur damlaları Justin Mason'ın bembeyaz gömleğine düşüyordu. Ama o yağmura aldırmadan kızlara baktı. "Boyunuzu çok fazla aştığınızı ne zaman fark edeceksiniz?" diye sordu. "Ya da kimsenin gerçeği dinlemeyeceğini? Kimse gerçeği bilmek istemiyor." Gülümsedi. "Özellikle, uygunsuz bir şeyi ortaya koyuyorsa!"

Zalim ve telâşsız hâli kızlara kendilerini aptal ve çocuk gibi hissettiriyordu.

Simon, lânet ederek dönüp yürümeye başladı. Kızlar hâlâ oldukları yerde duruyorlardı.

"Ayrıca." diyerek devam etti Justin, "Kendi güvenliğinize değer vermesini öğrenmelisiniz. Şansınız sonsuza kadar süremez, biliyorsunuz."

Holly koca kamyonun sıcak soluğunu, patenlerden sıçrayan buz çentiklerini hatırladı. Ama şimdi karşılarında daha soğukkanlı, daha kararlı ve daha tehlikeli bir Justin vardı.

"Güvenlik tamamen insanın tanıdığı insanlara bağlıdır." dedi. "Ben bütün büyük adamları tanıyorum. Güvendeyim. Aynı zamanda, bütün dolandırıcıları, araba hırsızlarını, en aşağılık katilleri tanıyorum. Siz kimi tanıyorsunuz?"

Justin'ın bunları neden söylediğini, onlara neden gözdağı verdiğini merak etti Holly. Neden açıklama ve gösteriş yapıyordu?

"Ayrıca üçünüzü de tanıyorum!" Kızlara tek tek baktı.

Doğruydu; tanıyordu.

"Ailelerinizi biliyorum; nereden para kazandıklarını, onlara kimlerin iş verdiğini biliyorum." Holly'ye bakarak başını salladı. "Baban çok güzel mobilyalar yapıyor. Gördüm. Ve bir masa satın aldım. Odamda duruyor. Çok güzel."

Holly babasının oyarak, çentерek, zımparalayarak özenle çalıştığı saatleri ve reçine kokusunu hatırladı. Bütün bu emeğin Justin gibi bir adam için boşuna harcanması onu öfkelendirdi.

"Babanın değerli elleri var."

Holly'nin öfkesi birden korkuya dönüştü. Justin'ın iğrenç sesinde tehdit vardı ve ciddîydi. Bu adamın sınırları yoktu ve para verdiği 'arkadaşları' her şeyi yapardı. Onunla savaşılmazdı.

Holly, Justin'ın tehdidini Tracy ile Belinda'nın da anladığını fark etti. Tracy'nin annesinin yuvasında küçük çocuklar vardı ve Belinda'nın babası sık sık özel bir uçakla seyahate çıkıyordu. Her şey çok savunmasızdı.

Justin onları ne kadar korkuttuğunu görebiliyordu. Sonunda anlamışlardı.

Yağmur bardaktan boşanır gibi yağıyordu. Saçlarından sular süzülüyordu. Justin dönüp eve doğru yürüdü.

12 Yardım ricası

Macera Kulübü üyeleri bu kez Holly'nin odasına sığınmaya karar verdi. Bay Adams atölyesinde bir sehpa yapıyordu. "Kurulanın." diye seslendi kızlara. "Islak sıçanlara dönmüşsünüz!"

Bu, Jamie'nin hoşuna gitti. Mutfakta, fare sesleri çıkararak koşmaya başladı.

"Kaybol, Jamie!" diye uyardı Holly. Hayatını kurtardığı için Jamie'ye duyduğu minnet azalmıştı.

Holly'nin odasına çıkıp kurulandıktan sonra titremeleri geçti. Birbirlerine baktılar. "Korktunuz mu?" diye sordu Holly.

İki kız başlarını salladılar.

"Ben de." Söyleyecek başka bir şey yoktu, ama sessizlik akıllarında Justin Mason'a daha büyük güç veriyordu.

"Müzik çalsana." diye önerdi Tracy. "Yüksek sesli ve dikkat dağıtacak bir şey."

On dakika kadar gitar ve trompet sesleri arasında korkularını yatıştırmaya çalıştılar.

"Babam şu gürültüyü kısın diyor!" Jamie kapıyı yumrukluyordu. "Düşünemiyormuş."

Holly kardeşine öfkeyle baktıktan sonra müziğin sesini kıstı. Beş dakika sonra, Bay Adams bir tepsi kakao ve bisküviyle kapıda belirdi. "Isınmanıza yardım eder." dedi.

"Teşekkürler, baba." Holly tepsiyi aldı.

"Bir şey mi oldu? Keyifsiz görünüyorsunuz."

"Hayır. İyiyiz, teşekkürler." dedi Holly neşeli görünmeye çalışarak. Babası biraz üstelese, soğukkanlılığını kaybederek her şeyi anlatacağından korkuyordu. O zaman yaptıkları araştırma bitmeden çökerdi.

"Peki. İhtiyacınız olursa atölyedeyim." Bay Adams gülümsedikten sonra kapıyı kapadı.

"Hâlâ titriyorum." diye yakındı Belinda.

"Ama normal davranmak zorundayız." dedi Tracy. "Kendimizi toplamalıyız!"

Telefonun çalmasıyla sinirleri yeniden bozuldu. "Holly sana!" diye seslendi Jamie.

"Kim?" diye fısıldadı Holly merdivenden inerken.

"Bir kadın." dedi Jamie omuzlarını kaldırarak. Sonra televizyon seyretmek için oturma odasına girdi.

"Alo?" Holly kim olduğunu merak ediyordu.

"Merhaba, Holly. Ben Rachel Stone."

Holly birden dizlerinin çözüldüğünü hissederek alt basamağa oturdu. Yukarda, merdiven başındaki Tracy ile Belinda'ya işaret etti. "Bir şey mi oldu?" Holly, Rachel'i en son Şeytan Kayası'nın yanında durmuş, onu polisi aramakla tehdit ederken hatırlıyordu. O zamandan sonra değişen bir şey olmamıştı.

Rachel uzun bir süre sessiz kaldı. Yeniden konuştuğunda sesi tuhaf ve titrekti. "Bilmiyorum. Evet, her şey korkunç ama sana telefonda anlatamam. Bana ırmak kenarında söylediklerini düşündüm. Şu anda da burada korkunç şeyler oluyor. Benim... Bay Mason hasta. Yatakta ve çok hasta. Ne yapacağımı bilmiyorum. Korkunç bir şey olacağını sanıyorum!" Sesi iyice kötüleşti.

"Bak, Rachel, bizim ne yapmamızı istiyorsun?" Holly panik ve korku duymaktan nefret ederdi. Rachel'in eski becerikli, neşeli ve tatlı hâline dönmesini istiyordu. Tracy ile Belinda yanına gelmiş, dinliyorlardı. "Polise gidip her şeyi anlatmamızı ister misin?" diye sordu Holly.

"Hayır!" dedi Rachel panik içinde. "Bunu yapmamalısınız. Ama buraya gelebilir misiniz? Ben sizinle buluşmak için dışarı çıkamam. Onu burada yalnız bırakamam."

"Justin ne olacak?" diye sordu Holly. Justin'la konakta üçüncü bir karşılaşmadan ne olursa olsun kaçınmaları gerekirdi.

"O burada değil. Akşam için dışarı çıktı. Bak, dönmeyeceğinden kesinlikle eminim, yoksa çağırmazdım. Lütfen gelin!"

Holly, Belinda ile Tracy'ye baktı. "Bir dakika bekle." dedi telefona. Sonra yeniden kızlara baktı.

"Tuzak olabilir." dedi Tracy. "Neden bizim hakkımızdaki fikrini birden değiştirsin?"

"Numaraya benzemiyor." dedi Belinda. "Gerçekten korktuğu sesinden belli."

"Reddedemeyiz." dedi Holly. "Şu anda olmaz." Rachel Stone için durum kötüleşiyorsa, bu kısmen Macera Kulübü'nün yaptığı araştırma yüzündendi. Justin konakta kötülük yapıyorsa, bu kez suç onlarındı.

Holly elini ahizeden çekti. "Tamam, geliyoruz." dedi. "Ama Justin geri dönerse, bizi uyarmalısın, tamam mı? Onu daha fazla kızdırmayı göze alamayız."

"Tabi tabi, anlıyorum!" Rachel'in sesi çok rahatlamış geliyordu. "Gelmeniz ne kadar sürer?"

"Yarım saat kadar."

"İyi. Lütfen acele edin. Lütfen mümkün olduğu kadar çabuk gelin!"

Telefon sessizleşti. Holly, Belinda ve Tracy mutfaktan ıslak ceketlerini alıp yağmurun altına çıktılar.

Yağmurda ırmak boyundan konağa doğru bisikletle gitmek zor ve yorucu bir yolculuktu.

Tepelerindeki kırlar kurşun rengiydi. Konağın duvarları görününceye kadar kızlar büyük bir gayretle pedal çevirdiler. Aslan heykelleriyle demir kapılardan sular süzülüyordu.

"Bisikletleri saklayalım." dedi Holly. "Ne olur ne olmaz."

Bisikletleri ahırların olduğu yere götürüp bir kulübenin arkasındaki duvara dayadılar. Sonra korkuyla Justin'ın siyah arabasının görünürde olup olmadığına baktılar.

"O araba olmasaydı!" diye mırıldandı Belinda.

"Biliyorum. Her şeye o neden oldu." dedi Holly. "Neyse, burada olmadığına göre güvendeyiz." Gidip ön kapının zilini çaldılar.

Rachel Stone kapıyı açtığında kızlar onu zor tanıdılar. Perişan hâldeydi; kızarmış gözlerinde korku vardı, sarı saçları yanaklarına yapışmıştı. "Tanrı'ya şükür!" diye bağırdı onları içeri alırken. "Çok korkuyordum!"

"Justin hâlâ dışarda mı?" diye sordu Tracy.

"Evet ve dilerim hiç dönmez!"

Ağır kapı loş holde gürültüyle kapandı. "Buradan." Rachel onları büroya götürdü.

"Ne oldu?" diye sordu Tracy sabırsızlıkla. Hâlâ bir tuzaktan kuşkulanıyordu. Her kuytu köşede Justin gizlenmiş olabilirdi.

Rachel başını salladı. "Sesinizi alçak tutun, lütfen. Bay Mason uyuyor, en küçük bir ses onu uyandırabilir."

"Neyi var?" diye sordu Holly. "Ne olduğunu anlatsana. Neden buraya gelmemizi istedin?"

"Ne olduğunu tam olarak bilmiyorum." diye başladı Rachel. "Benimle konuşmuyor. Yalnızca yatıyor. Yemek de yemiyor. Pazar akşamı döndüğünden beri hiçbir şey yemedi."

"Doktor çağırdın mı?"

"İzin vermedi. Doktoru kesinlikle reddediyor." Rachel, Holly'ye döndü. "Ona ne söyledin? Senin söylediğin bir şey olabilir."

"Bak!" Tracy, Holly'yi savunmaya hazırlanarak araya girdi, ama Holly onu geri çekti.

"Tamam." Doğruca Rachel'in yüzüne bakıyordu. "Ona oğlunun beni öldürmeye çalıştığını söyledim. Gerçeği söyledim."

Rachel, Bay Mason'ın büyük deri koltuğuna oturup masaya eğildi. "O ne dedi?"

Holly küçük bir kahkaha attı. "Beni polisle tehdit etti! Tuhaf, buradaki herkes beni polis çağırmakla tehdit ediyor!"

"Özür dilerim." Rachel başını kaldırdı. "Sonra ne yaptı?"

"Tam o sırada Justin gelip onu telefona çağırdı."

"O zamandan beri kimseyle konuşmuyor. Tek sözcük etmiyor!" Rachel ayağa kalkıp ıslak çimenlere baktı. "Ama hepsi bu kadar değil." Kızlara döndü. "Saçma geleceğini biliyorum, ama bu kadar olmadığını sanıyorum. Bir kanıtım yok ve yarı delilik gibi geliyor. Demek istediğim, Justin onun oğlu!" Susup masaya kapandı.

"Yarı delilik olan ne?" diye sordu Holly. Rachel'in söylediklerine ne kadar çılgınca olsa da inanmaya hazırdı.

"Justin'ın babasını öldürmeye çalıştığını sanıyorum! Onu zehirliyor. Onu bir şekilde hasta ediyor. Bunu yaptığını biliyorum!"

Tracy soluğu kesilerek dönüp Belinda'ya baktı.

"Şşş!" dedi Belinda.

Holly dikkatle düşünüyordu. "Bunu ilk ne zaman düşünmeye başladın?" Duydukları soluğunu kesmişti, ama şoka uğradığını fazla belli etmemeye çalışıyordu.

"Bir hafta, belki on gün önce. Bilmiyorum. Arabası parçalandıktan sonra burada durum çok kötüleşti. Para kavgaları oldu. Bay Mason, Justin'a karşı katı olmaya çalışıyordu. O günden beri böyle. Bay Mason yemek yememeye başladı. Çok hasta olduğunu sanıyorum, ama kimseye bir şey söylemiyordu. Kötü bir şeyler olduğunu anlamak için onu tanımak gerek!"

Rachel başını eğip bir an ağladıktan sonra kendini yeniden toparladı. "Hasta olduğunu biliyordum. Sonra birkaç günlüğüne Londra'ya gitti. Justin de o sırada sigorta işini hâlledip yeni arabasını aldı. Böylece, Bay Mason döndüğü zaman durumun düzelebileceğini düşünüyordum. Ama sonra siz Justin'ı kızdırmaya başladınız, Bayan Clarke kovuldu ve Bay Mason iyileşmedi. Aslında, daha kötüleşti. O kadar acınacak durumda ki, ne yapacağımı bilmiyorum!"

"Justin onu nasıl zehirleyebilir?" diye sordu Belinda. "Ne zaman fırsat bulabilir?"

Rachel gözyaşları arasında sözlerine devam etmeye çalıştı. "Bay Mason kalbi için bazı haplar içiyor. Ciddî bir şey olmadığını söylediler, ama doktor onu kontrol altında tutuyor. Düşündüm. Dün bütün geceyi düşünerek geçirdim. Ve birden, Justin'ın her zaman babasına ilâcını almasını hatırlattığı aklıma geldi."

"Bu olağanüstü bir şey mi?"

Rachel bir an sakinleşir gibi oldu. "Justin pek ilgili ve düşünceli bir insan değildir."

"Değil." dedi Belinda.

"Uzun zamandır bunu merak ediyordum." Rachel'in sesi yeniden çılgınlaştı. "Son reçeteyi almak için eczahaneye Justin'ın gittiğini hatırladım. Dozajla filân oynaması mümkün!" Sonra imkânsız bir şey düşünmüş gibi başını sallayarak güldü. "Belki öyle değildir. Fazla duygusallık ediyor olabilirim!"

Kızlar dinliyorlardı. Tepelerden bir sis inerek evi sarıyor ve yağmurun sesini boğuyordu. İçerdeki kâbus başka bir şekle dönüşmüştü. "Bizi bunun için mi çağırdın?" dedi Holly.

Rachel başını salladı. Saçını düzelttikten sonra kazağını çekiştirdi. "Birine anlatmak istiyordum. Ama şimdi her şeyin çok saçma olduğunu anlıyorum. Kendimi heyecana kaptırmışım, hepsi bu!" Korkuları ve kuşkuları için özür dilemeye başladı. "Bay Mason'a çok üzüldüğüm için oldu."

"O kadar saçma olmayabilir." dedi Holly. "Justin hakkında bildiklerimizden sonra..." diye ekledi.

Rachel'in yüzü titredi. Kaşlarını çatarak derin bir soluk aldı.

"Bize anlatman iyi oldu." dedi Belinda.

Derin düşüncelere daldılar. Artık daha çok kişinin hayatı tehlikedeydi. Her geçen gün tehlike ikiye katlanıyordu.

"Beni Bay Mason'a götürür müsün?" dedi sonunda Holly. "Hayatının tehlikede olduğuna onu inandırmalıyız. Bizi dinlemeli."

Rachel sanki Holly, yaşlı adama bıçak saplamak istemiş gibi irkildi. "Yapamam. Onu korumak zorundayım. Onu her zaman Justin'dan korudum!"

"Ama gerçeği ondan gizlemenin onun için iyi olmadığını anlamıyor musun? Bu onun ölümüne bile neden olabilir!"

Rachel vicdanıyla çarpışıyordu. "Peki, deneyebilirsin." dedi yavaşça. "Yalnızca Holly." Diğerlerine beklemelerini işaret ettikten sonra Holly'yi Bay Mason'ın yatak odasına götürdü.

Kadın eli değmemiş bir yatak odasıydı. Dört direkli ama perdesiz bir yatak vardı. Raflarda yalnızca kitaplar bulunuyordu, biblo ya da çiçek yoktu. Koyu renkli duvarlar eski haritalar ve resimlerle dekore edilmişti.

Işıklar kısıktı. Rachel gidip perdeleri çekince oda daha da karardı, gölgeler derinleşti. Holly kocaman yatakta yatan, beyazlar örtülü Bay Mason'ı görmekte zorlanıyordu.

"Uyuyor." diye fısıldadı Rachel. "Onu rahatsız etmeyelim." Geriye doğru çekilmeye başladı.

Ama yaşlı adamın gözleri açıldı. Bakışlarıyla Rachel'i izlerken yüzü hiç oynamadı. "Kim o?"

"Benim." Rachel elinden gelebildiği kadar gülümsedi. "Kendinizi nasıl hissediyorsunuz?" Elini adamın kırışık, sarımsı yüzüne koydu. "Uyku iyi geldi mi?"

Bay Mason başını sallamaya çalıştı. "Telâş etme, Rachel. Gerek yok. Telâş istemediğimi bilirsin." Sesini yumuşatmaya ve gülümsemeye çalıştı. "Biliyorsun, daha önce hiç hastalanmadım." İç çekti. "Biraz su istiyorum, lütfen."

Rachel bardağa su doldurmaya gidince Holly yatağa yaklaştı. Bay Mason'ın ne kadar hasta olduğunu görünce neredeyse vazgeçecekti. Onu üzmenin zalimlik olacağını hissediyordu. Ama koyu renkli, ateşli gözler onu tanıyınca yapacak bir şey kalmadı.

"Rachel!" Sesi gücünü kaybetmişti, ama hâlâ otoriterdi.

"Buradayım. Geldim." Rachel gülümsemeye çalışarak telâşla geri döndü.

"Defol buradan!" Bay Mason başını kaldırmaya çalıştı, ama çok hâlsizdi. "O ne arıyor burada? Çıkar onu!"

"Hayır." diye direndi Holly. "Bay Mason, şimdi beni dinlemelisiniz. Bana daha önce inanmadınız, ama şimdi inanmalısınız!"

Bay Mason gözlerini yumup başını çevirdi.

"Evet, inanmalısınız. Çok önemli. Yine Justin'la ilgili. Rachel bana telefon etti. Justin'ın şimdi size zarar vereceğinden korkuyor."

Yaşlı adam başını çevirip Holly'ye baktı. "Justin'a haksızlık ettim." dedi oğlu için bir bahane bulmaya çalışarak. "Ona iyi davranmadım. Uzakta çok zaman geçirdim, o çocukken bile. Hatta annesi öldüğü zaman. Suç benim!"

"Hayır!" dedi Holly. "O yetişkin bir adam, çocuk değil. Sizi öldürmeye çalışıyor ve başkalarına zarar veriyor. Ona izin vermemelisiniz."

Ama yirmi yıllık suçluluk duygusu yaşlı adamı eziyordu. "Harçlığını kesmemeliydim!"

"Sizi kullanıyor, Bay Mason!" Holly çaresizlik içindeydi.

"O benim oğlum!"

"Sizi zehirlemeye çalışıyor!" diye açıkladı Holly sonunda.

Karşısında gücünü ve başarısını kaybetmiş bir adam görüyordu.

Edward Mason'ın gözleri parladı, boğazı daralmaya başladı. Ağzından çatlak bir sesle öfkesi döküldü. Rachel ellerini yüzüne kapatıp·geriye doğru giderek odadan çıktı.

"Bay Mason, beni dinleyin!" Holly öne doğru bir adım attı.

Bay Mason öfkeyle doğrulup oturdu. "İçeriye girmene o mu izin verdi? O mu izin verdi?" Gözleri vahşîce dönerek Rachel'i aradı.

"Hayır, benim fikrimdi!" Holly yataktan kalkan yaşlı adamı durdurmaya çalıştı. "Lütfen sakin olun, Bay Mason!"

Ama adam öfkesini dökmeye devam edince, Holly odadan kaçtı.

13 Yalanla yaşamak

Holly, Bayan Clarke'ın tavan arasındaki eski odasına koşarak çıkan Rachel'in peşinden gitti. Oda hemen hemen eşyasızdı ve akşam karanlığında iyice çıplak ve kasvetli görünüyordu.

"Gelebilir miyim?"

Rachel yanıt vermedi. Yere diz çöküp kalan koltuklardan birinin yastığını aldı ve bebeğine sarılan bir çocuk gibi sarıldı.

"Özür dilerim." Holly gidip onun yanında diz çöktü. "Şimdi ne yapmak istiyorsun?"

Rachel başını salladı. Yavaşça öne arkaya sallanıyordu.

"Doktoru çağırmalısın." dedi Holly. Yine yanıt alamayınca onu etkilemeye çalıştı. "Bay Mason çok hasta. Ona karşı özel bir ilgi duyuyorsan, doktor çağırmalısın!"

Rachel çaresiz gözlerle ona baktı. "Özel bir ilgi?"

"Evet. Bayan Clarke'ın söylediğine göre... Şey, ilgi duyduğun açık. Bunu herkes görebilir." O anda, yaşlı adamın hayatı tehlikedeyken bunu açığa çıkarmak tuhaf geliyordu.

"Tabi ilgileniyorum!" Rachel ayağa fırlayıp yastığı attı. "Nasıl ilgilenmem?"

"Belki bunu konuşmak istemiyor olabilirsin. Beni ilgilendirmez. Ama onu Justin'dan kurtarmak ilgilendiriyor."

Yüz yüze dururlarken Holly, Rachel'in bakışlarındaki sertlik karşısında eziliyordu.

"Bunu söylerken ne demek istiyorsun? Neyi konuşmak? Ne ima ediyorsun?"

"Bay Mason'la bir ilişkiniz olduğunu." dedi Holly alçak ve korkulu bir sesle.

Rachel keskin, acı bir kahkaha attı. "Ah, anlıyorum... Sen benim... onunla... Ah, ne komik!"

"Özür dilerim." diye mırıldandı Holly. Aptalca bir hata yaptığını şimdi anlıyordu. "Sadece, Bayan Clarke, Bay Mason'la birbirinizden hoşlandığınızı söylediği için."

"Dinle, dinle!" dedi Rachel, Holly'yi omzundan tutarak. "Buna bir nokta koymak zorundayım. Öyle mi söylüyorlar? Ah, zavallı adam!" Şaşkınlıkla başını sallıyordu. "Bu doğru değil!"

"Değil mi?"

"Tabi değil! Ben onun metresi değilim. Nasıl olabilirim? Ben onun kızıyım!"

Odada bir sessizlik oldu. Karanlıkta uzaktan bir saatin çaldığı duyuldu.

"Onun yasa dışı kızıyım!" diye tekrarladı Rachel.

Hikâye birden yeni bir şekle girdi. Sökülen bir örgü gibi her şey çözülüyordu. Holly baştan başlamak zorundaydı. "Justin'ın kız kardeşi misin?"

"Üvey kız kardeşi."

"Daha mı küçüksün?"

"Dört yaş. Annemin babamla, Bay Mason'la, Justin'ın annesiyle evliyken ilişkisi olmuş. Bay Mason, Sheffield'e yeni yerleştiği zaman annem onunla birlikte çalışıyormuş. İlk baskıyı hazırlarken geç saatlere kadar büroda çalışıyorlarmış, her zaman olan şeyler. Annem onun gibi biriyle hiçbir zaman karşılaşmamış. Ona âşık olmuş. Onun için her şeyi yapabilirmiş."

"Ya Bay Mason?" diye fısıldadı Holly karanlıkta. Hikâyeden çok etkilenmişti.

"Sanırım o da ona âşıkmış."

"Ama?"

"Bir karısı vardı. Karar vermek için zamana ihtiyacı olduğunu söylemiş. Bir oğlu vardı. Annem altı ay, belki bir yıl beklemiş. Sonra bana hamile kalınca babama söylemeden işten ayrılmış.

Ona hiçbir şey söylemedi. Sonunda, Londra'da bir iş buldu. Evden eve dolaştık ve annem geçimimizi bir şekilde sağladı."

"Ondan hiçbir zaman para istemedi mi?"

Rachel başını salladı. Holly'nin omzunu tutan eli gevşedi. "Çok gururluydu. Dergilere yazılar yazmaya başladı. Güzel, harika bir çocukluk geçirdim. Annem bana akranı gibi davranırdı. İlginç insanlar tanıdım; gazeteciler, ünlüler. Sonra hastalandı. Kanserdi. Ben okulun son sınıfındaydım. Annem sonunda babama mektup yazarak bir kızı olduğunu anlattı." Rachel'in sesi incelerek kayboldu.

"Bay Mason ne yaptı?"

"Bizi görmeye geldi. Annem hastaydı. Bay Mason neden onu hiç aramadığını, hiç olmazsa karısı öldükten sonra neden aramadığını sordu. Annem bunun onun hiçbir zaman anlayamayacağı bir şey olduğunu söyledi. Babam durumu telâfi edeceğini söyledi. Ama çok geçti." Rachel ağlıyordu.

"Babam yine de çılgın gibi bir şeyler yapmaya çalıştı. Ama annem öldü. Ben ona buraya gelip onunla çalışacağımı söyledim, ama kızı olarak bilinmeyecektim. Çünkü annem böyle olmasını isterdi. Sır güvencede olduğu sürece burada kalacaktım. Babam söz verdi. Geçmişi telâfi etmek için her şeyi yapardı."

"Ya sen?"

"O benim babam. Onu seviyorum."

"Peki, Justin?"

"Benden nefret ediyor. Sırrımızı açığa çıkaracağını, saygıdeğer babasının yaşadığı yalan üzerine kurulu yaşamı dünyaya göstereceğini söylüyor. Babam ne zaman onun harcamalarını kısmaya, onu hizaya getirmeye çalışsa, Justin tehdit ediyor. O zaman babam beni korumaya çalışıyor; sanki ben skandaldan, başka insanların hakkımda düşüneceklerinden korkuyorum!"

"Ama o korkuyor."

"Evet. Bütün dünyası buna bağlı. Bunun öğrenilmesine dayanamaz. Bu onun zayıflığı. Gücü ve zayıflığıyla Edward Mason; saygınlık abidesi."

"Evet." Holly adamın dimdik vücudunu, sert iradesini, başarıya ulaşan fakir çocuk hikâyesini anımsadı. "Demek Justin onu gücüyle tehdit ediyor."

"Ve bana karşı nefret duyuyor. Parayla evin bir kısmının bana miras kalacağını düşünüyor. Bilmiyorum." Başını salladı. "Benden nefret ediyor."

"Bay Mason vasiyetini senin için değiştirdi mi?"

"Değiştirmesine izin vermedim."

"Bunu Justin'a söylediniz mi?"

"Evet. Önce bize inanmadı, ama babam ona vasiyetin bir kopyasını gösterdi. Tek mirasçının Justin Mason olduğu açıkça yazılıydı. O zaman inanmak zorunda kaldı. Ama iki hafta öncesine, araba kazası oluncaya kadar. Babam Justin'ın sahtekârlıklarına ve hırsızlıklarına daha fazla dayanamadı. Çok korkunç bir kavga oldu. Babam Justin'ın harçlığını kesti. Ona, bunun son şansı olduğunu söyledi. Bir dahaki sefere vasiyetini değiştireceğini ve her şeyi bana bırakacağını söyledi!"

"Son bir şans?"

Rachel başını salladı. "Justin onun ciddî olduğunu bilir. Babam sabrının sonuna gelmişti. Bu nedenle, Justin şimdi onu öldürmeye çalışıyor, vasiyetini değiştirmeden önce!"

Holly dört direkli yatakta yatan zavallı, hasta adamı düşündü.

"Justin para için her şeyi yapar. Mirastan tek kuruş vermez. Hepsi onun olmalı ve daha fazlasını istiyor!" Rachel üzüntüyle başını salladı.

"Kötü alışkanlıkları var." diye anımsattı Holly. Her şeyi artık anlıyordu.

"Pahalı bir kız arkadaşı var; Jackie Severne (Ceki Svern)." dedi Rachel. "Güzel bir kızıl saçlı. Ama evli. Justin'dan çok şey istiyor ve alıyor! Justin'ı bir şey yapmaya tek ikna edebilecek kişi o. Tuhaf; Justin onu tutmak için her şeyi yapar, ona istediği her şeyi alır. Bir çeşit takıntı."

"Ama kadının evli olduğunu söylüyorsun."

"Onu etkilemek için Justin'ı daha kararlı yapmaktan başka bir işe yaramıyor bu. Rekabet gibi bir şey. Kadını elde etmek sanki onun için bir zafer."

"Adını onun üstüne kazımak istiyor?" dedi Holly.

Rachel hafifçe gülümsedi. "Neden bunları sana anlatıyorum?"

"Birine anlatmak zorundaydın. Gel, aşağı gidelim." Elini Rachel'e uzattı.

"Şimdi ne yapacağız?"

"Telefon edeceğiz. Babanın hemen bir doktora ihtiyacı var."

Aşağı indiler ve cesaretlerini toplayarak ışıkları yaktılar. Rachel doktoru ararken, Holly, Bay Mason'ın bürosundaki Belinda ile Tracy'nin yanına gitti. Heyecanla başını salladı onlara. "Justin şansını fazla zorlamış." dedi. "Şimdi onu ilk ve son olarak durdurabileceğiz!"

Kapının zili çaldığı zaman doktorun geldiğini düşünerek kapıya koştular.

Rachel kapıyı açtı. Eşikte, sis ve yağmurun arasında Jackie Severne duruyordu.

Kızlar şaşkınlık içinde gerilediler.

"Justin burada mı?" Kadın onlara aldırmadan, kızıl saçlarını savurarak içeri girdi. "Evet?"

Tırnaklarıyla dudakları kırmızı boyalıydı. Ayakkabıları kırmızı siyah ve kıyafeti tepeden tırnağa simsiyahtı.

"Dışarı çıktı. Onunla burada mı buluşacaktınız?" dedi Rachel sakin konuşmaya çalışarak.

"Her hâlde öyle!" Jackie, Rachel'in yalan söylediğinden kuşkulanıyormuş gibi odaya baktı. "Burada buluşmaya karar vermiştik. Saat kaç?"

"Sekiz. Justin bir saat önce çıktı. Golf kulüpte, Steve Ward ile buluşacaktı, sanırım."

Jackie iyice huysuzlaştı. Saçlarını savurarak, onların suçuymuş gibi Holly ve arkadaşlarına öfkeyle baktıktan sonra sabırsızlıkla yeniden hole çıktı. "Bana golf kulübe gideceğini söylemediğinden eminim! Ona telefon et, tamam mı? Burada olduğumu söyle."

Rachel'in emrine uyması için beklerken birden fikrini değiştirdi. "Hayır, dur, bir araba sesi duyuyorum!"

Yolda far ışıkları belirdi ve sonra evin önünde söndü.

"Justin geldi!" Jackie Severne bir güzellik kraliçesi gibi gülümsedi. "Geleceğini biliyordum!"

Kızlar oldukları yere çakılmış gibi duruyorlardı. Kâbus gerçek olmuştu. Arabanın kapısının kader hükmü verilir gibi kapandığını duydular.

Kendini ilk toparlayan Holly oldu. Etrafına baktıktan sonra büroya doğru yürüdü. "Buraya!" Tracy ile Belinda'yı arkasından çekti.

Justin peşinde Steve Ward (Stiv Vard) ile birlikte Rachel'in yanından geçti. Kamyon şoförü takım elbise içinde huzursuz görünüyordu. Justin, Jackie'yi kollarına alırken Rachel gölgeler arasında kayboldu.

Bay Mason'ın bürosunda, kızlar gözlerini yumup dua etmeye başladılar. Eğer bir mucizeye ihtiyaçları olacaksa, buna o anda ihtiyaçları vardı!

Ne olur, Jackie'yi kollarına alıp evden hemen gitsin! Ne olur, buraya girmesin!

14 Adam kaçırma

"Bahçe kapısı!" Tracy camlı kapıyı işaret etti. Bilgisayarlarla telefonların arasından geçerek kapıya gittiler. Kilitle biraz uğraştıktan sonra kapıyı açıp yağmur altında karanlığa çıktılar. Tracy kapıyı arkalarından sessizce kapadı.

"Gidelim buradan!" dedi Belinda. Gözleri karanlığa alışmaya başlıyordu. Terastan sonra çiçek tarhlarının arasından geçip son bir tehlikeyi göze alarak ön kapılardan çıkabilirlerdi. O zaman onları birinin durdurması için geç olurdu.

"Hayır." diye fısıldadı Holly. "Rachel ile Bay Mason'ı bırakamayız!"

Yağmur saçaklardan ses çıkararak akıyordu. Ay yoktu, ama yerdeki sis kalkmıştı.

"Neden?" dedi Tracy, Justin'dan uzaklaşma isteğiyle. "Kaçmak zorunda olduğumuz bir zamandayız!"

"Rachel babasını tek başına koruyamaz!"

Holly pencerelerden vuran ışıklardan sakınarak evin yan tarafına doğru yürümeye başladı.

"Neyini?" Belinda onun yanından uzaklaşmıyordu.

"Babasını." diye tekrarladı Holly. "Bay Mason, Rachel'in babasıymış. Sonra anlatırım."

Holly etrafı en iyi Simon'ın ahırlardaki eski atölyesinden görebileceklerini düşünerek arkadaşlarını oraya götürdü. "Bay Mason çok hasta. Sonunda, Rachel'i doktor çağırmaya ikna ettim." Doktorun her an gelebileceğini anlattı. "Eğer Justin hâlâ orada olursa, doktoru içeriye almayacaktır. Buradan ayrılmamalıyız."

Belinda ile Tracy'yi içi eyerler ve çizmelerle dolu atölyeye soktu. Hiç değilse burası kuruydu. Kapının arkasına gizlendiler. "Justin'ın kazanmasına izin veremeyiz." diye fısıldadı Holly.

Dakikalar ilerlerken yağmur yağmaya devam ediyordu. Ev siyah duvarları ve küçük pencereleriyle hapishaneye benziyordu. Kızlar seyrederek beklemeye başladılar.

Sonra birden büronun bahçe kapıları açıldı. Küçük bir pencere camı parçalanarak yere düştü. Kapıları Justin açmıştı. İçeriden gelen ışığa karşı bir gölge hâlinde ve bacaklarını açarak durdu. "Neredeler?" diye bağırdı. "Burada olduklarını söyledin. Peki, şimdi neredeler?" Terasa çıkıp yürümeye başladı.

Jackie de dışarıya çıktı. "Gitmişler." dedi Justin'ı sakinleştirmeye çalışarak. "Bir avuç çocuk. Ne zarar verebilirler?"

"Çok." Justin yeniden içeri girip bir bahçe lâmbasını yaktı. Teras sarı ve ıslak parlıyordu. Işık çiçeklere kadar vuruyordu, ama ahırlar hâlâ karanlıktaydı.

"Aman Tanrı'm!" diye sızlandı Jackie. "Şu yağmura bak. Saçlarım berbat olacak!"

"Yazık sana!" dedi Justin, ama sesinde acıma yoktu.

"Eğer böyle olacağını bilseydim, sana hiçbir şey anlatmazdım. Biraz aşırı tepki gösterdiğini düşünmüyor musun?"

"Kes, tamam mı?"

Justin hiddetle bahçe patikasında yürümeye başladıktan sonra bağırarak Rachel'i çağırdı. "Çık dışarı! Çıkıp ara! Onları içeri aldığın için her şey senin aptallığın, senin suçun." Rachel'i omzundan kavrayıp önüne itti.

"Onu uyandıracaksın, uyandıracaksın!" dedi Rachel yalvararak. "Aramana yardım edeceğim, yeter ki bağırma. Onu rahatsız edeceksin!" Dönüp Bay Mason'ın loş odasına baktı. Sonra Justin'la ayrı yönlere dağıldılar. Steve Ward köpekleri kayışlarından tutmuş, yağmura aldırmadan terasta duruyordu.

"Kaçmamız gerektiğini sana söylemiştim!" diye fısıldadı Tracy.

"Şşş!" Holly, Justin'ın terasa dönüp Steve Ward'la konuştuğunu gördü.

"Rachel evin önünü tutabilir." dedi Justin. "Ben duvarın kenarındaki çalılıklara gideceğim. Sen de ahırlara git." Öfkeden fırtına gibiydi. Jackie Severne ise büroda saçlarını savurarak tırnaklarıyla tempo tutuyordu.

"Köpekleri bana ver." diye buyurdu Justin. Sonra duvarın yanındaki gölgeler arasında kayboldu. Steve Ward tek başına kızların olduğu yöne doğru gelmeye başladı.

"Yere çökün!" diye fısıldadı Holly.

"Umarım bisikletleri görmez!" Tracy kulübeye doğru baktı.

"Buradan!" diye fısıldadı Belinda. Emekleyerek atölyeyi ahıra bağlayan kapıya gittiler. "Buraya, buraya!" dedi. Holly ile Tracy samanların altına girerken, Belinda kocaman gri damızlık ata tatlı dille bir şeyler söylüyordu. Ahırın tek sakini olan atın toynakları tabak kadar büyüktü.

Tracy ile Holly samanların içine kıvrılırlarken at biraz kıpırdandıktan sonra sakinleşti. Tam o sırada, Steve Ward'ın ayak sesleri avluda yankılanmaya başladı. Atölyenin kapısını açıp ışığı ararken Belinda ahırın uzak bir köşesine gidip gizlenmek için üstüne samanlar attı.

Adam el yordamıyla elektrik düğmesini aramaya başladı. Hızlı adımlarla odayı dolaştıktan sonra yeniden denedi. Sonra bir raftaki eski lâmbayı fark ederek el yordamıyla açtı. Oda birden aydınlandı. Kızlar ahırdan, adamın lâmbayı alıp her köşeyi tarayarak odanın içinde dolaştırdığını gördüler.

Gri at eşinerek başını savurdu. Sonra huzursuzca bölmesini itmeye başladı. Kızlar iyice büzülerek duvara yapıştılar.

Ward lâmbayı yukarı kaldırıp ata baktıktan sonra yavaşça yaklaşmaya başladı. Holly, Belinda ve Tracy samanların altında korkudan soluk bile zor alıyorlardı. Adam ahırdaki gölgeleri inceledikten sonra lâmbayı ileri doğru salladı.

Birden ortalık karardı. Ward yeniden küfrederken bir şeyin düştüğü duyuldu. At ayaklarını yere vurdu. Ward lâmbayı savururken fişi prizden çıkararak kendini karanlıkta bırakmıştı. Lâmbayı nefretle yere attıktan sonra, öfkeli ve o anda görünmeyen attan geri geri uzaklaştı. At homurdanarak tepinirken adamın ayak sesleri uzaklaştı. Ve kızlar yeniden soluk alabildiler.

"İyi çocuk." Belinda alçak sesle konuşarak atı yeniden sakinleştirmeye çalıştı. "Güzel çocuk, iyi çocuk!" Ayağa kalkıp atın yüzüne karşı tatlı sözcükler söyledi. At sakinleşirken kuyruğunu sallayarak dinledi.

Sonunda Holly ile Tracy de ayağa kalkıp üstlerindeki samanları silkelediler. "İyi çocuk!" dediler korkuyla atın ensesini okşayarak. Her şey sessizleşince avluya çıktılar. Gölgelerden yürüyerek terasa doğru sokuldular.

"Şansımız yok mu?" Justin, Steve Ward'la konuşuyordu. "Onları kaybettik mi demek istiyorsun?"

"Neler olacağını biliyorlarsa çabucak kaçmışlardır." Ward omuzlarını kaldırdı. "Bundan sonrasına bakalım."

Justin öfkeyle karanlığa doğru baktı. "Sen git." diye emretti. "Jackie'yi de götür."

"Ah, Justin!" diye karşı çıktı Jackie. "Burada daha ne kadar oyalanacaksın?"

Justin onu sakinleştirmek için kapıdan büronun içine doğru eğildi. "Steve seninle gelecek." dedi. "Scott'da saat dokuz için masa ayırttım. Bir sürpriz var. Gelmem uzun sürmez. Rachel'le hâlledecek iki işim var." Onlara elini sallayarak gitmelerini istedi.

Ön kapı açılıncaya kadar her şey sakindi. Jackie dışarı çıktı. Hâlâ mutlu görünmüyordu. "Geç kalma." dedi yüzünü asarak. "Beklemekten ne kadar nefret ettiğimi bilirsin!"

Salınarak gidip arabasına bindi. Steve de yanına oturdu.

Justin el sallarken Jackie'nin arabası hızla ilerledi. Farları aslan heykellerini aydınlattıktan sonra kapıdan çıkıp gözden kayboldu. Justin kapıyı dışarıdan kapadıktan sonra evin etrafında dolaşarak bahçeye son bir kez baktı. Sonra vazgeçip bahçe kapısından içeri girdi ve kapıyı sıkıca kapadı.

Holly arkadaşlarına baktı. Birkaç dakika her yer sessizlik içinde kaldı.

"Şimdi ne olacak?" diye sordu Belinda. Yağmurda iyice ıslanmışlardı.

"O doktor nerede kaldı?" diye sızlandı Tracy.

Holly başını salladı. "Hayır, doktor varmadan önce Justin'ı savmalıyız." Eve doğru döndü. "Yo, hayır, neler oluyor?"

Bay Mason'ın bürosunda yeni bir olay sahneleniyordu, ama bu kez sesler çok alçaktı. Üç kız yavaş yavaş terasa çekilerek sessiz gösteriyi seyrediyor olduklarını fark ettiler.

Büronun kapısı açıldı. Bay Mason hayalet gibi solgun bir yüzle kapıda duruyordu. Eli kapı tokmağındaydı ve destek almak için ona dayanıyordu.

Rachel ona doğru koştu. Bay Mason şaşkın görünüyordu. Justin, Rachel'i kenara çektikten sonra yaşlı adama yukarı çıkmasını emretti. Bay Mason başını salladı. Rachel yeniden babasının yanına gitmeye çalıştı. Justin bağırıyordu. Yaşlı adam güçsüz bir hâlde yumruğunu kaldırdı.

Rachel, Justin'ı tuttu, ama Justin onu bir paçavra gibi fırlattı. Rachel bir masaya çarparak düştü. Yerden kalkmaya çabalarken *hayır, hayır* diyordu.

Justin babasına doğru ilerlerken, Rachel'in söylediği bir şey onu olduğu yerde durdurdu. Hızla arkasına döndü, Rachel'i tutup büyük bir hızla bahçe kapısına doğru savurdu. Rachel yağmurun altına fırlayarak düşerken Justin'ın öfkesi boşaldı.

"Bir daha söyle, seni aptal soytarı!" Dışarı fırlayıp Rachel'i ayağa kaldırdı. "Onlara her şeyi anlattın! O çocuklara gerçeği anlattın! Hadi, bir daha söyle!" Bir eliyle Rachel'in çenesini tutarak başını geriye itti.

"Holly'ye babamı anlattım!" diye bağırdı Rachel. Yaşlı adam sendeleyerek kırık kapılara gelip bitkin bir hâlde durdu.

Justin'ın itmesiyle Rachel'in ayakları yeniden yerden kesildi, ama kendini toparladı. Bağırarak konuşmuştu. Sır açığa çıkmıştı. "Ona gerçeği anlattım." diye tekrarladı sakin bir sesle. "Artık korkmuyorum. Elinden geleni yap!"

Holly, Belinda ve Tracy açık manzarayı seyrediyorlar ve artık sesleri de duyabiliyorlardı. Bay Mason'ın bağırdığını duydular. "Rachel, söylememelisin!" dedi. "Kimseye söyleme. İnsanların bize neler yapacağını bilmiyorsun!" Gücünü zor toplayarak eşikten geçti. "Rachel!" diye bağırdı. "Doğru olmadığını söyle onlara. Yalan söylediğini söyle!"

"Baba artık öyle değil!" diye bağırdı Rachel çılgın gibi.

Ama Justin ondan uzaklaşmıyordu. "Sana kim inanır zaten?" dedi dudak bükerek. "Sana ve o çocuklara? Para koparmaya çalıştığını düşünecekler. Pis yalancı diyecekler. Yalancısın!"

"Hayır!" Rachel'in yüzüne yeniden çaresiz bir ifade geldi. "Gerçek! Bize inanmak zorundalar!" Yaşlı adama yalvarmaya başladı. "Bize bunu yapmasına izin verme!"

Justin ceketini düzeltti. "Onu duydun. Sözlerini inkâr edecek." Yaşlı adama acıyarak baktı. "Eğer o kadar yaşarsa."

Ve o anda Holly ileri atıldı. Yüreği bu zalimlik karşısında öfkeyle dolmuştu. Terasa doğru koştu.

İçeriden köpeklerin havlayışları duyuldu. Justin hızla ona doğru dönerken Tracy ile Belinda, Holly'yi geri çekmeye çalıştılar.

"Yalancı!" diye bağırdı Holly olanca sesiyle. Sıçrayarak Justin'ın göğsüne atladı. Rachel bağırırken Bay Mason duvara doğru sendeledi.

"Yalancı!" diye bağırdı Holly yeniden. Justin onu kaldırıp geriye doğru fırlattı.

Holly'nin öfkeli çıkışı Justin'ı yeniden çıldırtmıştı. Hırlayarak Holly'yi geldiği yere gönderdikten sonra, üzerine atılan Rachel'e doğru hızla döndü. Elinin tersiyle yanağına bir tokat indirince Rachel öne doğru sıçrayarak yanağını tuttu. Justin koluyla onun boynunu kavrayıp yan tarafa doğru çekmeye başladı. "Kıpırdamayın!" diye emretti doğruca Holly'ye bakarak. "Eğer kımıldarsanız, ölür!"

Holly donup kaldı. Yaşlı adamdan yalnızca bir inleme yükseldi. Justin, Rachel'i garaj yoluna doğru sürüklerken diğerleri taş kesilmiş gibi duruyorlardı. Karanlık ikisinin de gölgesini yuttu.

"Kıpırdamayın!" diye bağırdı Justin karanlığın içinden. Araba kapılarının açılıp kapandığını ve motorun çalıştığını duydular. Terasa vuran farlar oldukları yerde donup kalmış kızlarla Bay Mason'ı aydınlattı. Justin arabayı çevirirken ışıklar sarmaşık kaplı duvarlarda dolaştı. Sonra yolda ilerledi.

Justin'ın elde etmek için sahtekârlığa, yalana ve hatta adam öldürmeye hazır olduğu araba hızla uzaklaştı. İçinde, bir deli ile masum bir kadın vardı.

15 Vahşî sular

Gıcırdayan tekerlek sesleri üzerine, çimenlerin üstünde koşarak gelen birileri belirdi. Justin bahçe kapılarından gürültüyle çıkarken, iki kişi sıçrayarak yolundan çekildi.

"Neler oluyor burada?" Simon ile Kurt kızları merak ettikleri için konağa onları aramaya gelmişlerdi. Kırılan camların, gıcırdayan tekerleklerin sesi onları yağmurlu, karanlık gecede daha hızlı koşmaya itmişti.

"Belinda, neler oluyor?" diye sordu Simon.

Ama kızların açıklama yapacak zamanları yoktu. Justin'ı bisikletleriyle izlemek zorundaydılar. Arabanın arka ışıkları karanlık kırlarda uzaklaşmaya başlamıştı bile.

"Simon, sen Bay Mason'la ilgilen. Doktor gelmek üzere!" diye bağırdı Belinda. Diğerleri bisikletlerine atlamışlardı bile. Belinda peşlerinden gitti.

Simon yaşlı adamın terasta yere yığılmış olduğunu gördü; lâmbanın ışığında parlayan cam kırıklarının arasında karanlık bir yığın hâlindeydi. "Gel!" diye bağırdı.

Simon'la Kurt bahçede koşarlarken, kızlar Justin'ın arabasını gözden kaçırmamaya çalışarak bisikletleriyle tepeden aşağı iniyorlardı.

Yağmur yüzlerine vurduğu için öne doğru eğildiler. Son hızla pedal çevirirlerken arabanın ışıklarını görüyorlardı, ama aralarındaki uzaklık giderek açılıyordu.

Biraz sonra, önlerinde fren gıcırtıları ve sürtünme sesleri duydular. Başka bir arabanın ışıkları da vardı, ama tepeye doğru çıkıyordu. İki araba direksiyon kırdıktan sonra birbirini sıyırarak geçtiler. Justin'ın arabasının yolda dönüp zorlukla düzelmesi Holly ile arkadaşlarına çok değerli birkaç saniye kazandırdı. Holly ve arkadaşları yanına vardıklarında diğer araba duruyordu. Sürücü, arabasının yanında durmuş yağmur altında hasarı inceliyordu.

"Doktor Goodwin (Gudvin)!" En arkadan gelen Belinda frene bastı. Doktoru Willow Dale sağlık merkezinden tanıyordu. "Konakta size ihtiyaçları var. Bay Mason çok hasta!" Sonra geçip Holly ile Tracy'nin arkasından uçarak gitti. Doktor arabasına atladı. "Polisi çağırın!" diye seslendi Belinda.

Kızlar yarışçılar gibi hızla bisiklet sürerek Justin'ın arabasının farlarıyla motor sesini izliyorlardı.

Yağmurda parlayan kara duvarların arasından tepeyi indiler. Kasabanın arkasından geçen küçük bir yoldan vadinin aşağılarına doğru ilerlediler. Issız yolda, Justin zoraki yolcusuyla birlikte hızla ilerliyordu. Kızlar arabayı gözden yitirmemek için hızla pedal çevirirlerken neredeyse ciğerleri patlayacaktı.

Sonra birden farlar söndü, motor sustu.

Bisikletlerin tekerlek sesleri dışında gece uğursuz bir sessizlik içindeydi.

"Nerede?" dedi Tracy soluk soluğa. Diğerlerinden ilerdeydi. Tepelerinde yükselen ağaçlar bütün ışığı kesiyordu. Körlemesine gidiyorlardı. "Neredeyiz?"

"Stride Ormanı'nda, sanırım." dedi Belinda. Kavislenerek yükselen kayın ağaçlarının arasındaydılar. "Irmağın aşağısındayız. Dinleyin." Akan suyun sesini duyuyorlardı.

"Sessiz olun!" Holly sağ taraflarından gelen uzak bir arabanın kapanan kapı seslerini duymuştu. "Şuradan!"

Yoldan ayrılıp kaba bir patikadan inerek ıssız bir araba parkına gittiler. Justin'ın boş arabası oradaydı ve çitin yanında geniş kavisli tekerlek izleri vardı.

"Gelin!" diye seslendi Holly. Bisikletini bırakıp arabayı inceledikten sonra bir park kapısından koşarak çıktı.

"Nereye?" Tracy çitin üstünden atladı. Belinda da peşinden geliyordu. "Bunun doğru olduğundan emin misin?"

Holly başını salladı. İki yanında yüksek ağaçlar olan bir patikada bileklerine kadar çamur içinde koşuyordu. Yerde taze ayak izleri vardı; bir erkekle bir kadına aitti bu izler.

Koşarlarken, ağaçlar arasında bir açıklığa geldiler. Bulutlar arasından vuran bir anlık ışıkta darağacı gibi görünen bir tabelâyı geçtiler.

'Şeytan Kayası. Akıntı burada tehlikeli. Geçmişte canlar aldı...' yazıyordu.

Tabi; çağıldayan su, derinleşen orman. Başka neresi olabilirdi? Holly arkadaşlarını durdurup dikkatli yürümelerini işaret etti. Artık ırmağa çok yakındılar, suyun öfkeli sesi kulaklarındaydı.

"Durun!" Holly durdu. Etrafta gizlenecek ağaç yoktu; yağmurda iyice kayganlaşmış, yosun kaplı, kayalık bir açık alandaydılar. Irmak kenarında Justin ile Rachel duruyordu.

Holly yüreğinin hızla çarptığını hissetti. Justin'ın onları duymuş ya da görmüş olduğundan emindi, ama Justin arkasına dönmüyordu. Kızlar emekleyerek ilerlemeye başladılar.

Vahşî su Justin'ın ayaklarının dibinde köpürüyordu. Justin hâlâ koluyla Rachel'i boynundan tutuyordu, ancak Rachel artık mücadele etmiyordu.

"Görüyor musun?" diye bağırdı Justin. Rachel'i iyice kenara doğru savurdu. "Nerede olduğumuzu biliyor musun?"

Rachel başını sallamaya çalıştı.

"Çok sevilen bir intihar noktası! Buradan suya atladın mı, bir daha dışarı çıkamazsın... ancak yağmurlar dinince cesedin çıkar!"

Delirmişti. Onu hiçbir şey durduramazdı. Kızlar Rachel'in gücünün kesildiğini, sonra kendini desteklemeye çalıştığını gördüler.

Kaygan kayaların üzerinden kıyıya doğru gizlice yanaştıktan sonra balina şeklinde tümsek bir kayanın arkasına çömeldiler.

Görülme korkusu olmadan dikkatle dinlemeye başladılar. Ama Justin'ın sesini akıntının sesinden zor ayırıyorlardı.

"Bak!" diye bağırdı Justin.

Rachel aşağıya doğru büyülenmiş gibi baktı.

"Sende beyin olduğunu sanırdım!" diye alay etti Justin. "Yerini bilerek sessiz kalacak kadar akıllı olduğunu sanırdım."

Rachel'i hızla kendine doğru çevirdi. Yüzüne karşı hırlıyordu. "Elde ettiklerinin farkında değil miydin? Babam seni hiç yoktan bir yere getirdi. Bu yeterli değil miydi?"

"Evet." dedi Rachel. Korkusuna karşın sesi sakin ve güçlüydü. Justin'la yüz yüze gelmek için çabaladı. "Yetip de artıyordu bile. Onun için her şeyi yapardım, biliyorsun. Yalan söylemek, sessiz kalmak, ikinizi birbirinizden uzak tutmak, her şeyi! Ama onu öldürmeni seyredemezdim!"

"Ben mi? Nasıl?" Justin bir kahkaha attıktan sonra fikrini değiştirdi. "Ne olacak? Güzel, çabuk bir son, yalnızca ilâcın dozunu iki katına çıkararak. Kimse anlamayacaktı!"

"Araba gibi mi? Steve Ward ve hayatında hiç görmediği bir kızın üzerine sürdüğü kamyon gibi mi? Hiç kimse bilmeyecekti!"

"Doğru. Steve parayla benim için her şeyi yapar." Gülümsedi. "Yorkshire'da, en iyi çalıntı lüks araba işini kim yapıyor dersin?"

"Steve Ward." Rachel'in sesi acı ama güçlüydü.

"Doğru. Arabaları yurtdışından çalıyor, buraya getirip yeniden tescil ettirdikten sonra karaborsada yarı fiyatına satıyor ve hiçbir soru sorulmuyor. Ancak en iyiler saçmalamaz." Rachel'in yüzündeki ifadeye bakarak eğleniyordu. "O aptal kızla arkadaşları ortalığı karıştırmaya başlayınca bana yardım etmek Steve'i yalnızca mutlu etti. Benim gibi onun da kaybedeceği çok şey vardı!"

"Yakalanmayacağını düşünmüş olamazsın. Cinayette olamaz!"

Justin yine gülümsedi. "Düşündüm ve düşünüyorum."

"Ama ne için?" diye sordu Rachel. "Eğer bekleseydin, bütün paraya sahip olacaktın!"

"Ah! Zaman yok, ne yazık ki. Yirmi sekiz yaşındayım. İyi yaşamak istiyorum. Jackie de öyle." Gülümsedi.

"Jackie için!" Alay etme sırası Rachel'deydi. "Her şeyi onun için yaptın?"

Justin bunu sanki ilk kez düşünüyordu. "Evet, yaptım!"

Rachel'in öfkesi kabarmaya başladı. "Budala!" diye bağırdı. "Bütün her şey onun için! Şimdi de beni öldüreceksin. Hadi, it beni!" diye alay etti, Justin bir hamle yaparken. "Doğru! Ama şu anda doktor babamın yanında. Evde. Onu kurtaracak. Babam ölmeyecek ve sen parayı alamayacaksın!" Şeytan Tepesi'nin gürültüsü arasında acı bir kahkaha attı. "Beni öldürebilirsin, ama yine de istediğini alamayacaksın!"

Rachel'in sözleriyle öfkesi Justin'ı yeniden vahşîleştirdi. İkinci bir hamle yaptı, ama Rachel çabucak kenara çekildi. Justin ileriye doğru atılırken dengesini yitirdi. Vücudunun ağırlığıyla suyun kenarına kaydı. Kollarını hızla sallayarak bir çığlık attı.

Kızlar kayanın tepesine çıktılar. Rachel bağırıyordu ve sonra, sonsuz kadar uzun gelen bir saniye içinde Justin bir ağaç gibi yavaşça devrildi. Şeytan Kayası'nın yosun kaplı, tehlikeli kayalarının aşağısındaki simsiyah akıntının içine düştü.

16 Kurtarma

Justin düşerken Holly kıpırdamadan duruyordu. Belinda, Rachel'i tutmak için koşarken, Tracy, "Kayalara dikkat et!" diye bağırdı. Şeytan Kayası son kurbanını yakalarken, dehşet içinde bir saniye durup büyülenmiş gibi seyrettiler.

Justin bir kukla gibi kollarını savurarak zıplıyordu. Karanlık bedeni vahşî, bembeyaz köpüklerin arasında dönmeye başladı. Solgun yüzü karanlık gökyüzüne doğru çevrildi ve ağzı sessiz bir çığlıkla açıldıktan sonra, gözden kayboldu.

Dehşet içindeki kızlar korkularını kontrol altına almaya çalıştılar. "Buraya!" Holly el sallayarak onları yanına çağırdı. Justin'ın düşmüş olduğu ve ırmağın daralıp derinleştiği yerde duruyordu. Her şeye karşın, orada durup Justin'ın ölmesini seyretmeye dayanamıyordu.

"Çıkacağı yer burası!" Huni şeklindeki kayadan kaynayıp dönerek çıkan akıntıya baktı. Diğerleri yanına geldiler. Soluklar tutulmuştu ve Rachel sinir krizleri içinde ağlıyordu.

Holly çömeldi ve santim santim ilerleyerek kenara yaklaştı. Belinda'yı işaretle yanına çağırırken soğuk suyun yüzüne püskürdüğünü hissediyordu. "Gel, bileğimi tut!" Sonra Tracy ile Rachel'e, kaygan kayalara doğru bir insan zinciri oluşturmalarını söyledi.

"Orada tutunacak bir şey var mı?" Tutunacak bir yere ihtiyacı vardı. Saniyeler geçmesine karşın, Şeytan Kayası kurbanını hâlâ su yüzüne çıkarmıyordu. Holly görebilmek için gözlerini zorladı.

Sonunda Rachel'den yanıt geldi. "Bir ağaç var! Fazla sağlam değil, ama ona tutunabilirim!"

"Tutun!" diye seslendi Holly. Tam o sırada, su yüzeyinde kola benzer bir şey oynadı. "Sıkı tutun!" diye bağırdı Holly suyun sesini bastırarak. Ağırlığını Belinda'ya bırakıp dua ederek uzandı. Sudaki nesneyi yakaladı; kaygan ve sertti.

Tuttuğu kalın bir ağaç dalıydı. Holly dalı yeniden suya bıraktı. Akıntının Justin'ı hâlâ derinlere doğru sürüklüyor olduğunu biliyordu. "Ne olur, onu kurtar!" dedi Rachel ağlayarak. "Babasının yüreği dayanmaz!"

Belinda, Holly'yi sıkıca tutuyordu.

"Evet!" diye bağırdı Holly sonunda. Bu kez doğru görüyordu. Çaresiz beden sonunda yüzeye çıkmıştı. Tam uzaklaşırken Holly ceketin koluna uzanabildi. Sonra, su Justin'ı yüzü yukarda Holly'ye doğru itti. Holly yeniden uzanınca bu kez onu dirseğinden tutabildi. Aşağıdaki güçlü akıntının çekişini hissediyordu. "Tuttum!" diye bağırdı. "Ama çok iyi çekmeniz gerek! Hadi."

Dördü birden suyun çekiş gücüne ve Justin'ın hareketsiz bedeninin ağırlığına karşı bütün güçleriyle çabalıyorlardı. Holly'nin kol kasları gerilirken omuzlarına korkunç bir ağrı girdi. Bacakları titremeye başladı.

"*Çekin!*" diye bağırdı yeniden. Eğer başaramazlarsa, biri bırakırsa, Holly de ölürdü. Su şakacı ve tehlikeli köpükleriyle onunla alay eder gibiydi. "Bırakmayın!"

Hep birlikte asıldılar ve Justin'ı sudan santim santim çekerek çıkardılar. Bir an geriye doğru sendeledikten sonra onu kıyıya aldılar. Holly onu kayanın üstüne çektikten sonra üstüne yığıldı.

"Ölmüş mü?" diye sordu Tracy korkuyla.

Rachel eğilip Justin'ın nabzına baktı. "Yaşıyor!" dedi.

Kızlar Justin'ın ceketini çıkarırlarken Rachel ağzını Justin'ın ağzına dayayıp hava üflemeye başladı. Bir yandan da bütün gücüyle göğsüne bastırıyordu. Justin'ın çıkardığı boğulur gibi sesler canlanmaya başladığını gösteriyordu. Çok geçmeden normal solunum yapmaya başladı. Onu sessizce arabaya taşırlarken, hâlâ baygındı.

Rachel, hepsini bindirdikten sonra arabayı hızla kasabaya doğru sürdü. Irmak boyundan doğruca hastahaneye giderken, kızlar Justin'ı bagajda buldukları battaniyeye sardılar. Justin'da hâlâ ayılma işaretleri yoktu.

Hastahaneye vardıkları zaman, Tracy arabadan atlayıp kapıya koştu. Geri döndüğünde yanında hemşireler vardı. Sonra karanlık geceden hastahanenin parlak aydınlığına girdiler.

İki üniformalı görevli, Justin'ı bir sedyeye koyup götürdü.

Daha sonra Doktor Goodwin, Kurt ve Simon geldiler. Herkes onları teselli ediyor ve durumun düzeleceğini söylüyordu. Yaşlı Bay Mason iyileşecekti; onu doğruca hastahaneye getirmişler ve bir kalp makinesine bağlamışlardı. Yeni ilâçlar onu iyileştirecekti. O anda uyuyordu.

Rachel gülümseyerek ve ağlayarak Holly'nin elini tuttu. "Teşekkür ederim!" dedi tekrar tekrar. "Teşekkür ederim!"

Holly'nin annesiyle, Bay ve Bayan Hayes de oradaydılar. Simon'dan her şeyi öğrenmişler ve çok endişelenmişlerdi. Bayan Adams kızına sarıldı.

Holly, annesinin omzu üzerinden etrafındaki manzaraya baktı. Belinda gözlüğü elinde, bir battaniyeye sarınmış, annesinin getirdiği çayı yudumluyordu. Simon'a utangaç utangaç gülümsüyordu. Kurt kolunu Tracy'nin omzuna sarmıştı. Bütün hikâye anlatılmıştı. Artık ısınmışlar, kurumuşlardı ve güvendeydiler. Justin, Holly sayesinde yaşıyordu.

Holly o anda telâşla kapıdan giren babasına omuzlarını kaldırıp gülümsedi. "İyiyiz." dedi. "Endişelenmeye gerek yok."

Onca tehlikeden sonra gevşeyip kendilerine gelmeleri zaman alacaktı. Holly babasının kolunu omzunda hissederek annesine minnetle gülümsedi.

Jamie başını Holly'ye yaklaştırdı. "Onu yakaladın mı, Holly?" diye sordu. "İtiraf etti mi? Hapse girecek mi?"

Holly gülümsedi. "Yakaladık. Evet, evet ve evet!" Justin suyun kenarında suçunu kendisi itiraf etmişti. Üç tane tarafsız tanık vardı: Holly, Tracy ve Belinda.

"İyi iş başardınız." dedi Tracy'nin annesi. "Kurtardığınız bir suçlu!"

O sırada, bunu onaylar gibi, siren çalarak polis arabası geldi. Bekleme odasına mavi üniformalı, sert yüzlü polisler doldu.

Bakışlarını polislerden Holly'ye çeviren Jamie'nin gözleri büyüdü. İlk kez dili tutulmuştu.

Holly zafer heyecanı içinde Belinda ile Tracy'ye baktı ve başparmağını havaya kaldırarak neşeyle gülümsedi. Macera Kulübü bir zafer daha kazanmıştı.